掼蛋实战100例

GUANDAN SHIZHAN 100 LI JIQIAO FENXI

技巧分析

方生武 著

时代出版传媒股份有限公司
安徽科学技术出版社

图书在版编目(CIP)数据

掼蛋实战100例技巧分析 / 唐先武著.--合肥:安徽科学技术出版社,2022.8(2024.3重印)
ISBN 978-7-5337-7642-8

Ⅰ.①掼… Ⅱ.①唐… Ⅲ.①扑克-牌类游戏-基本知识 Ⅳ.①G892.1

中国版本图书馆CIP数据核字(2022)第119782号

掼蛋实战100例技巧分析　　　　　　　　　　　　唐先武　著

出版人:王筱文　选题策划:王筱文　余登兵　责任编辑:田　斌　胡　铭
责任校对:李　茜　责任印制:李伦洲　　　　装帧设计:武　迪
出版发行:安徽科学技术出版社　　　http://www.ahstp.net
　　　　(合肥市政务文化新区翡翠路1118号出版传媒广场,邮编:230071)
　　　　电话:(0551)63533330
印　　制:合肥华云印务有限责任公司　　电话:(0551)63418899
(如发现印装质量问题,影响阅读,请与印刷厂商联系调换)

开本:880×1230　1/32　　　印张:8.75　　　字数:145千
版次:2024年3月第10次印刷

ISBN 978-7-5337-7642-8　　　　　　　　　　　　　定价:48.00元

版权所有,侵权必究

自序

掼蛋，是一种接地气的中国文化

掼蛋，也称淮安跑得快，是一种扑克游戏，20世纪60年代兴起于淮安民间，近些年在江苏、安徽、北京等地火了起来。其融合了跑得快、争上游、双扣升级(80分)、斗地主、麻将配等规则，入门轻松，打好不易，让人着迷。

我始终认为，掼蛋，首先是掼弹，掼即摔，勇猛有力摔炸弹，打的是力量，是气势。我尤其认为，改"弹"为"蛋"，真是高手在民间，摔蛋炸裂，满地开花，少了火药味，增强了民俗化，是一种非常接地气的文娱活动。

掼蛋，不同搭档，不同对手，不同组牌，不同行牌，不同应对，千变万化，让人打得津津有味。高低皆就，老少都宜，就是好玩。

长期以来，人们对于打牌褒贬不一。其实，打牌不一定就是不务正业、玩物丧志。近代名人中有很多人都喜好打牌。梁启超说："只有读书可以忘记打牌，只有打牌可以忘记读书。"周作人说："我们于日常必需的东西以外，必须还有一点无用的游戏与享乐，生活才觉得有意思。"

梁实秋在《谈麻将》中详细阐述了打麻将的日常与乐趣，可每每真枪实战，却只在一旁观看，并解释说："我不打麻将，并不妄以为自己志行高洁。我脑筋迟钝，跟不上别人反应的速度，影响到麻将的节奏。一赶快就出差池。我缺乏机智，自己的一副牌都常照顾不过来，遑论揣度别人的底细？既不知己又不知彼，如何可以应付大局？打牌本是娱乐，往往反寻烦恼，又受气又受窘，干脆不如不打。"

老舍沉迷过麻将，牌技却不行，搞得想喂他牌都不容易，曾用脑过度一度头发掉光。

胡适和季羡林有个共同的爱好，就是他们都会为了打牌而诸事放下。

那个时代的文人都是记日记的。像胡适日记就有："7月13日：打牌。""7月14日：打牌。""7月15日：打牌。""7月16日：胡适啊胡适，你怎么能如此堕落，先前定下的学习计划都忘了吗？""7月17日：打牌。"

像季羡林的日记曾经记下1933年夏天连续打

牌的盛况："打牌，大胜。""菊田来，打牌。晚又打牌。""现在成了打牌的时代了。几天来，几乎一天打两场，手腕打得都痛了。""饭后，打牌，一共打三场，大负。晚上又打牌，胜。"

能把手腕都打痛了，那至少打了七八个小时吧。可见，这是一个何等的牌迷。

邓小平更是一位桥牌爱好者。聂卫平、丁关根都是他的牌友。

掼蛋讲究搭档合作，讲究应对变化。有言道：

掼蛋打得好，说明有头脑；

掼蛋打得精，说明思路清；

掼蛋不怕炸，说明胆子大；

赢了不吱声，说明城府深；

赢了不吵嚷，说明有涵养；

输了不投降，竞争意识强；

掼蛋算得细，说明懂经济；

输赢都不走，能做一把手。

甚至有人说，通过掼蛋可以观察一个人的修养和应变能力，资源调配、目标追求、团队合作能力，以及用心做事的态度。

掼蛋包含了很多人生道理，现搜集、整理些许分享给大家。

(1)无论你多会记牌、多会打牌,都抵不过人家手中有一把好牌——说明实力比能力更重要。

(2)如果没有一张大牌立牌开路,最顺的小牌都出不去——说明领导很重要。

(3)必要的时候,即使拆散自己的牌,也要送搭档走——说明在一个团队里,关键时刻为了大局,有必要做出自我牺牲。

(4)四个王在一起天下无敌,但是拆开了,即使最小的炸弹也能将其拍死——说明队伍、班子的团结很重要。

(5)打几,几便是常主,一对红桃任意配,唯独不能配大小王——说明主次有别。

(6)为什么剩最后10张要报牌?因为紧要处只有两三步,一招不慎,全盘皆输——说明人生决战要慎重,决胜时必须一剑封喉。

(7)配牌是个人技巧,配合却要搭档之间有默契——说明茫茫人海,知音难觅!

(8)打牌如人生——有的人抓了一手好牌,却打得稀烂;有的人并不一定抓到了好牌,但谨慎处理,却有着不错的结果。正如人生,有的人条件很好,胡乱糟踏,结果很惨;有的人条件一般,但始终如一不停地奋斗,笑到最后。

2014年6月,掼蛋被淮安市政府列入第五批市级非物质文化遗产名录。2017年1月,国家体育总局棋牌运动管理中心将淮安掼蛋列入全国趣味棋牌类竞赛项目。国际智力运动联盟智力运动精英赛、江苏省第七届全民健身运动会、江苏省第一届智力运动会也将掼蛋纳入正式比赛项目,民间举办的各种级别、类别、形式的比赛数不胜数……这些都进一步确立了掼蛋的地位,扩大了掼蛋的影响力。

掼蛋,源自民间,普及于各个阶层、各个区域,是一种接地气的中国文娱活动,也是中国文化自信的一种表现。

目 录

第一讲　入门:三分钟教会你打掼蛋 …………… 001
第二讲　掼蛋,请读懂牌的信息 …………… 025
第三讲　掼蛋组牌与行牌的十大技巧 …………… 042
第四讲　掼蛋,如何定位与配合 …………… 062
第五讲　掼蛋,如何出好首发牌 …………… 073
第六讲　掼蛋,如何打好第二家 …………… 081
第七讲　掼蛋,如何做个好搭档 …………… 094
第八讲　掼蛋,如何当好守门神 …………… 107
第九讲　掼蛋,如何还好吃贡牌 …………… 120
第十讲　掼蛋,如何打好残局牌 …………… 132
第十一讲　掼蛋,如何应变打好牌 …………… 157
第十二讲　掼蛋,你达到了第几段 …………… 170
第十三讲　深度解读掼蛋中的顺口溜 …………… 177
第十四讲　深度解读"牌强打下家,牌弱打上家" …………… 186
第十五讲　深度解读"牌强首发单,示弱出对子" …………… 191

第十六讲　18条,对掼蛋行牌技巧再解读 …… 197
第十七讲　掼蛋,要练好三个基本功 ………… 203
第十八讲　掼蛋,既要快乐更要牌品与人品 … 212

附录一　《掼蛋竞赛规则(通用版)》………… 217
附录二　单循环赛记分表 …………………… 256
附录三　掼蛋比赛记分表 …………………… 257
附录四　掼蛋比赛(计把制)记分表 ………… 258
附录五　掼蛋26分制级差与级分换算表 …… 259
附录六　32队(对)单败淘汰赛轮次表 ……… 261
附录七　16队(对)双败淘汰赛轮次表 ……… 262
附录八　循环赛轮次表 ……………………… 263
附录九　比赛桌面示意图 …………………… 265
附录十　比赛桌面遮挡板示意图 …………… 266
后　　记 ……………………………………… 267

第一讲
入门：三分钟教会你打掼蛋

掼蛋，发明、起始于江苏淮安，普及推广于安徽、北京，当下风靡一时、风头正劲。掼蛋为什么如此魅力无穷呢？因为它以扑克玩法"跑得快"为蓝本（最早就叫"淮安跑得快"），又揉入了扑克玩法"斗地主"和"双扣升级（80分）"，再引进了麻将的"混子（赖子）"玩法，从而创新集成了一种扑克牌的新玩法——掼蛋（用力摔牌，全身都是劲）。

【实战第1例技巧分析】 此牌打2。根据"牌型多元化"原则，组出678910杂花顺，从而形成三带对有回手，红配机动组炸弹。

掼蛋，与传统扑克牌玩法一样，同样具有逻辑性、推理性，同样要求合作性、对抗性，此外更具灵活性、偶然性、未知性，另外还增大了误判性。

正是这八大特性，决定了掼蛋是非常益智的脑力劳动，特别能锻炼大脑。我经常提倡"老少皆掼蛋"，年轻人以掼蛋交友，年长者可预防老年性痴呆。

有些初学者总是说掼蛋很复杂、很难学，其实，掌握了章法，也就容易学会、乐在其中了。还有些初学者经常想把斗地主的规则用到掼蛋里，如三带一、四带二、五张以上的长顺子、两连对等，这些在掼蛋规则里都是不适用的。

我们先做个铺垫，讲讲"红桃配"。

掼蛋将麻将的"混子（赖子）"引入，每把打几，红桃几就是"混子（赖子）"，又叫红桃配（以下简称"红配"），也有叫"逢人配""万人迷"的，如开局第一把打2，红桃2就是"混子（赖子）"。红桃配可以替代你所想要的牌，你有三个A，加个红桃配就是四个A，就是炸弹了；你五同花缺一张，加上红桃配就是同花顺炸弹了。原则上红桃配要尽量配成炸弹，即配成四个头或者同花顺。

当然，根据牌型需要，红桃配也可配成对子、三个头或者杂花顺。特别需要强调的是，红桃配不允许配王！

【实战第 2 例技巧分析】 此牌打 4。上家首发出对 7,可上对 Q 预留对 4 管控,组出 89(红配)10JQ 红桃同花顺、56789 杂花顺,从而对子、杂花顺、三带对牌型都有了。

掼蛋一般是 4 个人打牌,分成两组,两两对家,各是一组,叫对家(也叫队友、搭档)和对手,对抗竞技。

每次掼蛋开始以东家为算,东家的上家(左手方向)洗牌,东家切牌,并翻出一张来(如果翻出的是王或者红桃 2,要重洗、重切牌),按逆时针方向(右手方向)数点,数到谁,谁先抓第一张牌,然后一直按逆时针方向(右手方向)顺序抓牌,直到牌被抓完为止。

抓牌过程中,谁抓到翻出来的明牌来,放在自己的面前。抓完牌组好牌后,他先出牌(行牌)。

一手牌,一共是27张。第一把牌都是从2开始打起,也就是第一把牌打2,2便是常主,2管A,A管K,以此往下类推,3最小。

【实战第3例技巧分析】 此牌打3,搭档抗贡。一般首发22244再AAA99回手,但这样牌型就固定化了。要首发单8,可实现"牌型多元化",若小王立牌后,再出22244。

掼蛋牌里常有 6 种牌型,除了炸弹外,每种牌型都是纵向比大小,不能跨界;只有炸弹,除了纵向比大小外,还可以跨界横向去管牌,也就是常说的"给炸掉"。掌握了这 6 种牌型,你就能组好牌、打好掼蛋了。

现在,我们就从这 6 种牌型的基础讲起,开始教学掼蛋。

1. 一张牌的牌型:单张(仅此一种)

第一种牌是一张牌,也叫单张牌型。单张牌打出去是纵向比大小。第一把打 2,2 便是常主。单张牌型里单大王最大,大王管小王,小王管 2,2 管 A,A 管 K,以此向下类推,此时 3 最小。

切记:第二把牌升级后,2 是最小,打几,几便是常主。比如升三级后打 5,单大王最大,大王管小王,小王管 5,5 管 A,A 管 K,以下类推,此时 2 最小。

2. 两张牌的牌型:对子(仅此一种)

掼蛋允许一次出两张牌的是两张一样的,也叫对子。对子打出去也是纵向比大小。第一把打 2,2

便是常主。对子牌型里对大王最大,对大王管对小王,对小王管对 2,对 2 管对 A,对 A 管对 K,以此向下类推,此时对 3 是最小的对子。需要特别强调的是,大小王不允许一块儿出!

【实战第 4 例技巧分析】 此牌打 4。实战中,下家首发 34567 杂花顺,搭档和上家都没要,根据"末家负责制"原则,此时可调整出 10JQKA 杂花顺管住,再调整组成 3456(红配)7 方片同花顺。

切记:只要升级后,对 2 是最小的,打几,几便是常主。比如升三级后打 5,对大王最大,对大王管对小王,对小王管对5,对5管对A,对A管对K,以此向下类推,此时对2最小。

需要说明的是,对大王原则上不要一次出,去管别的一对牌,除非牌力很强。如果对大王分开用,可分别两次在单张里称王。

3. 三张牌的牌型:三不带(仅此一种)

掼蛋里允许一次出三张牌的,只能是三张一样的,也叫三不带牌型。三不带打出去还是纵向比大小。第一把打2,2便是常主,三个2最大,三个2管三个A,三个A管三个K,以此向下类推,此时三个3最小。

切记:只要升级后,三个2是最小的,打几,几便是常主,三不带牌型里三个常主在一起最大。比如升三级后打5,三个5管三个A,三个A管三个K,以此向下类推,此时三个2最小。

在三不带牌型里,大王、小王无法参与。在掼蛋规则里,三个王是不允许同时出的。

【实战第5例技巧分析】 此牌打6。进贡上家大王后,首发33344,上家封住后出4,此牌就要重组顺过5,再调整出 66、7777、8910JQ杂花顺、910JQK(红配)梅花同花顺。

4. 四张牌的牌型:四个头炸弹、四个王（两种）

第四种牌型是四张牌,允许四张牌一块出的牌型,有两种情况。

一种是四张一样的牌,也叫炸弹。炸弹打出去,纵向也是比大小，第一把打2，2便是常主，四个2是四张一样牌型里最大的炸弹，四个2管四个A，四个A管四个K，以此向下类推，此时四个3最小。

切记：只要升级后，打几，几便是常主。比如升三级后打5，四个5管四个A，四个A管四个K，以此向下类推，此时四个2是最小的炸弹。

【实战第6例技巧分析】 此牌打7，己方双上吃贡。下家首发778899后，上两家没要，根据"末家负责制"原则，调整组出88991010管住，另组出910JQK红桃同花顺、8910JQ杂花顺。既减少了出牌手数，又实现了"炸弹越大越好"的原则，比9999直接开炸好。

特别需要强调的是,"其他牌型比大小,只有炸弹可跨界",说的是一张牌的单张、两张牌的对子、三张牌的三不带,包括后面要说的五张牌的三带对、五花顺(同花顺、杂花顺)、六张牌的三连对(木板)、三连三(又叫钢板、靠背、双飞),都是纵向比大小,谁大谁出牌,横向无法干预;只有炸弹既是纵向比大小、谁炸弹大谁出牌,又可横向跨界管牌、不同牌型的炸弹都可炸掉。炸弹相当于警察,系统内部比大小,上了大街谁都管。

另一种四张牌的牌型,就是四个王组在一起,这是掼蛋牌里的巨无霸、炸弹中的炸弹——最大的炸弹,可管一切:既可管不同牌型,又可管炸弹,包括四个头、五个头甚至十个头,也包括五张同花顺。但切记四个王必须抱团,一个都不能少,否则威力不再。三个王不能一块出,大小王不能一块出。对大王或对小王,只能在对子里比大小;单王只能在单张里比大小。

需要强调的是,除了"四张一样的"和"四个王在一起"这两种牌型,其他类的四张牌都是不允许出的,包括新手常爱问的两连对、三带一,都不允许出。

【实战第 7 例技巧分析】 此牌打 4。牌力很强，没必要一张张出单张、单出单管，可直接组出 A23（红配）45 即可，回手 10JQKA，减少出牌手数至 6 手，简单、快捷。

5. 五张牌的牌型：五个头炸弹、三带对和五顺子（三种）

第五种牌型是五张牌，允许一起出的牌型包括五个头炸弹、三带对和五顺子（同花顺、杂花顺）。再提醒一下，五张牌里没有四带一之说。

1) 五个头炸弹

五个头炸弹(即五张一样的牌)打出去,正如四个头炸弹一样,纵向也是比大小,第一把打2,2便是常主,五个2是五张一样牌型里最大的炸弹,五个2管五个A,五个A管五个K,以此向下类推,此时五个3是五张一样牌型里最小的炸弹。

切记:只要升级后,打几,几便是常主。比如升三级后打5,五个5管五个A,五个A管五个K,以此向下类推,此时五个2是五个一样牌型里最小的炸弹。

2) 三带对

三带对也叫三带二(民间也有称作"夯"的),是三张一样的牌带对子,不允许带一张牌或者带两张不一样的牌。三带对是三个一样的牌纵向比大小,不比对子的大小,只要三个一样的牌大,这一手牌就大。同样,第一把打2,2便是常主,三个2带对是三带对牌型里最大的牌,三个2带对管三个A带对,三个A带对管三个K带对,以此向下类推,此时三个3带对是此类牌里最小的牌。

切记:只要升级后,打几,几便是常主。比如升三级后打5,三个5带对管三个A带对,三个A带对管三个K带对,以此向下类推,此时三个2带对是此类牌里最小的牌。

【实战第 8 例技巧分析】 此牌打 9。下家进贡小王后出 55533，搭档和上家都没要，此时作为末家要调整出 88822 管一下，同时组出 10J（红配）QKA 梅花同花顺，再回来用 4 个 A 炸弹，最后出 23456。

3）五张顺

在掼蛋比赛规则里，允许五张连续牌组在一起，形成五张杂花顺（不同花色牌连续五张，民间也称作"水"）或五张同花顺（同一花色牌连续五张）。需要强调的是，此类牌允许 A 下位，即可组成 A2345，是

【实战第 9 例技巧分析】 此牌打 9。上家进贡首发 222,此时要立即顺过 333,从而重组出 4567(红配)8 红桃同花顺和 678910 杂花顺,以 QQQ44 应对上家再出三带对。

顺子里的最小牌;常主也可以归位,成为普通牌,如打 5,组 A2345,依然是此类牌中最小的牌。

五张杂花顺,同样是纵向比大小,10JQKA 是此类牌型中最大的牌,10JQKA 管 910JQK,以此向下类推,A2345 是此类牌中最小的牌。

在掼蛋规则中,五张同花顺即同一花色牌连续五张,是炸弹,而且还是威力不小的炸弹,可以管五个头炸弹。

【实战第10例技巧分析】 此牌打5。上家进贡大王给他搭档后自己首发单8,此时要迅速过10,回归4个9,红配组6个2,以防范对手方有两套大同花顺。实战中,上家果然有两套910JQK同花顺。

同五个杂花顺一样,此类牌允许A下位,即可组成同花顺A2345,也是同花顺里的最小牌;常主也可以归位,成为普通牌,如打5,可组A2345。五张同花顺同样是纵向比大小,同花顺10JQKA是此类牌型中最大的牌,同花顺10JQKA可管同花顺910JQK,

以此向下类推,同花顺 A2345 是此类牌中最小的牌。

切记:同花顺虽是纵向自身比大小,但横向是可以管不同牌型的牌,是炸弹,是可以管五个头炸弹的,同花顺 A2345 可以管五个 A。而同花顺自身不分大小,没有"黑红梅方"大小之说,同样大小的同花顺,谁先下谁为大,因此打牌时不能等和让,该出手时就出手,抢占先机,让"正顶(同样大小的牌)"望洋兴叹!

6. 六张牌的牌型:六个头炸弹、三连对和三连三(3 种)

掼蛋允许六张牌一起出的牌型有 3 种,即六个头炸弹(六个一样的牌)、三连对(又叫木板)和三连三(又叫钢板、靠背、双飞、二连三)。需要强调的是,掼蛋里没有四带二的六张牌型。

1)六个头炸弹

六个头(六个一样的牌)是炸弹,既是纵向比大小,又是横向可炸牌。六个头的炸弹可管最大的同花顺!顺便说一下,还有七个头、八个头炸弹。也如同六个头炸弹一样,既是纵向比大小,也是横向可炸牌。头数一样多的比大小,头数越多的威力越大!

【实战第 11 例技巧分析】 此牌打 2。虽有 3 个炸弹，但对手方有 5 个 3、5 个 K、5 个 A 的概率都较大。上家首发单 4，此时要顺过 9，拆掉两个四个头炸弹、利用红配组出黑桃 78910J、红桃 8910JQ 两个同花顺，再组出一个 8910JQ 杂花顺。

2）三连对

三连对也是纵向比大小，谁大谁立牌，横向无法干预。别看它们张数多，炸弹同样可以炸。三连对牌（也称作木板）也是允许 A 下位的，即可组成 AA2233，也是同类牌型里最小的牌；常主也可以归

【实战第 12 例技巧分析】 此牌打 3。下家吃大王后搭档首发单 4，上家过 9，此时可过 10，让两个炸弹 4 个 J、4 个 K 归位。搭档可能常主多，可给他送两张单牌；再根据"出单有三带"原则，自己先出三个 A 不带，再给搭档送一手三带对。

位，成为普通牌，如打 5，可组 445566。它们同样是纵向比大小，QQKKAA 是此类牌型中最大的牌，QQKKAA 可管 JJQQKK，以此向下类推，AA2233 是此类牌中最小的牌。

3）三连三

三连三（也叫钢板、靠背、双飞、二连三）也是允许A下位的，即可组成AAA222，也是同类牌型里最小的牌；常主也可以归位，成为普通牌，如打5，可组444555。它们同样是纵向比大小，KKKAAA是此类牌型中最大的牌，KKKAAA可管QQQKKK，以此向下类推，AAA222是此类牌中最小的牌。

至于有没有七张牌、八张牌允许出的，也有，就是七个头炸弹、八个头炸弹，组上红桃配，甚至有九个头炸弹、十个头炸弹，那是特殊牌型，比较少见。

知道掼蛋这些牌型后，本着这6种牌型进行组牌，就可以入门打掼蛋了。而组牌的第一原则是"尽量少单牌、尽量少手数"，其他组牌原则如"炸弹越多越好、炸弹越大越好"等，更多地属于提高牌技了，后面将有专文讲述。

顺带说一句，掼蛋如何升级：你和搭档是一、二游（第一、第二过）就升三级；你和搭档是一、三游，就升两级；你和搭档一、四过，就升一级。相反，你和搭档就是输、不升级，而你们的对手同样如此升级。

还有一点需要告知，就是10张牌报牌制。行牌过程中，打完某一手牌后，手里余牌张数为10张以内（含10张）时，需要主动向大家报牌数。报牌一定

【实战第 13 例技巧分析】 此牌打 9。本着"精心组织好、少留小单牌"原则,此牌要勇于拆掉大炸弹六个 4,从而组出 A2345 杂花顺、34567(红配)黑桃同花顺。

要精准,这样才能打好残局,搭档送牌来,对手控制牌。一次性报牌后不再报数,问也不允许说了,另外三个人都要记住张数而针对性地出牌、控牌。10 张报牌制是目前全国通用的,不会出现一手牌。地方上也有 6 张、7 张报牌的,往往会出现一手牌,如出了一个三带对,手里就余 4 张、5 张了,炸弹沉底,容易偷跑,不利于打残局。另外,掼蛋入门者还要了解、掌握日常掼蛋的比赛规则。

附：日常掼蛋比赛简单规则

（1）比赛采用固定搭档制，分 4 局。每局从 2 开始打起，共打 8 把牌，时间为 50 分钟。每局间休息 10 分钟。

（2）首局对垒，由电脑自动派位。第二局开始，根据上一局成绩（积分，含累计），依顺序由高向低排位对垒。

（3）每局牌从第二把开始，头游上家（即左手）洗牌，头游切牌（又叫倒牌），下游首先抓牌；若双下，则是头游的下家首先抓牌。

（4）每局牌从第二把开始，有贡、有还。抓两个大王即可抗贡；双贡小王或同级牌时，向左贡向右还（即左贡右还），头游的下家出牌。

（5）手里剩余 10 张牌（含 10 张牌）内，需主动、明确、精准报牌。报完牌打完一圈牌后，不再报牌。

（6）升级的规则：头游、2 游升 3 级，头游、3 游升 2 级，头游、4 游升 1 级。

（7）关于表态，第二家未表态要不要时，末家不可以示意要牌或者抢出牌，否则停牌一次；第二家未表态要不要时，末家表态不要，判为对手方不要，由

【实战第14例技巧分析】 此牌打J,对手方抗贡。先出222逼上家封牌换对,转一圈后出对J,立牌后打单张6观望,而不要先出34567固定牌型。若出炸弹先出4个A,若立牌出34567;若不立牌再观望一下,而不要立即追打56789梅花同花顺。

首家继续发牌。

(8)每把牌打完后,要在记分条上记上双方各打几;每局牌结束后,双方要在记分条上签字,确认比赛成绩。总积分则由现场记分员负责录入、计算。

(9)比赛结束,总分相同时,则看上一局牌的比

【实战第 15 例技巧分析】 此牌打 A。要学会组 34567、45678 两套杂花顺。因为即使大王上手立牌,再打单无回手。杂花顺出完后,若能过一对,则考虑用红配组 6 个 2;若对手方来三带对,可考虑组 JJKKK(红配)。

分,大分者排名在前。

(10)若比赛出现争议时,由裁判出面调解。调解无效后,裁判有权宣布取消无理方(或双方)的比赛资格。

第二讲
掼蛋，请读懂牌的信息

与所有的打牌一样,牌上都带有信息,尤其以掼蛋为最。

掼蛋就是一场信息战。当然,这场信息战,不是靠摸鼻子、抓头发、掏耳朵、揉眼睛等违规手势来完成的,也不是靠末家越位提前组牌、抽牌、问牌等违规动作来完成的。

很多时候,头家出牌以后,第二家还在思考中,第二家的搭档(即末家)就有动作了,把能管住的牌抽出来比画或者就问第三家"要不要,要不要",这样,第二家根本就不用思考,更不会出现判断失误——怕末家(即自己的搭档)管不住而浪费大牌或消耗炸弹,这叫越序或者叫越位。

而掼蛋输赢的本身,很大程度上就有一个判断正确与否的问题。或者说,能否正确判断牌力,是掼蛋输赢重要的组成部分——经常有判断失误,而让对手方小牌偷跑掉。所以说,这些越位抽牌、问话都是违规的,而不是信息战。末家越序,非常不好!

我所说的信息战,是在掼蛋过程中,每出的一手牌都含有一定的信息,所谓掼蛋竞技,就是解码、读懂这些信息,从而利用这些信息进行"攻"与"防"。掼蛋搭档合作,无论是高手还是新手,都要尽量用好牌上传递出的信息。高手出牌,会给足搭档(即队

【实战第 16 例技巧分析】 此牌打 4，先出。可组 A2345 方片同花顺，先出 A2345 杂花顺，过 78910J，4 个 Q 立手牌出 34567 杂花顺，在搭档送对子的帮助下，过对 8、单 A。

友、对家)牌的信息，而搭档一定要尽力读懂队友的"良苦用心"，正所谓要"心有灵犀一点通"。

搭档双方通过牌的信息来全力配合、争取获胜，"你吃我喂，你短我断"——即搭档需要的牌型，自己要全力、及时递过去；搭档没有的牌型，属于短板，要全力管控、阻断对手，迅速为搭档改变牌型。

掼蛋人常说"不怕神一样的对手，就怕猪一样的队友"说的就是队友（搭档）读不懂牌的信息，从而无法配合,"我对子多出对子,你上手后却出三不带",有的还说"我没有对子呀",殊不知"三个头"就是"对子+单牌";也经常听人说"我没有单牌",其实你满手牌都是由单张牌组成的。搭档不搭配,各打各的牌,不进行合作,最终会输得一塌糊涂。

【实战第 17 例技巧分析】 此牌打 5,定位为不好抢头游。搭档首发单,被下家出大王封住,出 334455,上两家都没要,此时可出 667788,立牌后给搭档送 33322。

真正的掼蛋高手,不仅要读懂搭档(队友)牌的信息,还要读懂对手牌的信息,从而追求"舒服队友、为难对手"境界,争取扩大赢面、减少损失。

抓完一把牌，一共 27 张，如何打赢掼蛋信息战？这里，我们仅从"出第一手牌"来分析、讲解牌上的信息。

抓完一把牌，进贡完、退还完牌后，出牌者一定要考虑好先出什么牌。开牌很重要，是告诉你的搭档你的牌力信息的，很多时候开牌就决定了这一把牌的走向。因此，一定要慎重。可是出什么牌呢？很多人都茫然，大多数人都稀里糊涂随意一出，传递不出信息，甚至传递出错误的信息，让搭档误判，失败从第一手牌开始。

第一手到底应该出什么牌呢？这要根据你的牌力（即牌的实力）来定。所以，出什么牌之前要先分析牌力，从而决定你这把牌是攻——牌力强，准备拿头游；还是防——牌力弱，牺牲自己、护送搭档争头游；或是牌力中等（也叫中性牌），在行牌过程中边打边看对手的牌力，再做攻与防的调整。

判断好了牌力，才能决定开牌出什么。如何判断牌力呢？我从大概率上给定了个标准。当然，这个标准只是大致的，具体问题还要具体分析。

所谓牌力强，是指有两个或两个以上炸弹，还比较大，估计开炸就能立住牌；牌点大多在 10 以上（本文所指牌点大小，是指 2、3、4、5 为小牌，6、7、8、9、10

【实战第18例技巧分析】 此牌打3。上家给末家进贡大王后首发单2,说明上家牌力强、小单牌多、可能有三带对,此时可以顺过4,组56789、34567的杂花顺,预留对K、对3等着搭档送对子,预留三个A带对2管上家的三带对,重组10JQ(红配)KA梅花同花顺。

为中牌,J、Q、K、A及常主和王为大牌且以10为分水岭),牌比较整齐,单牌不多且比较大,满手牌没有多少拖后腿的,这样的牌型容易争头游。

判断牌力弱,是指没有或只有一两个小炸弹,开炸也不一定能立住牌;小牌多于大牌,甚至有断牌,牌比较零散,单牌多且牌点比较小,其他牌型想顺过也较难,大多数牌要自己发出,拖后腿的牌比较多。这样的牌要抱定牺牲当末游,吸引火力,打上家牌以调整牌型,尽力给搭档送好牌。

【实战第19例技巧分析】 此牌打A,进贡给搭档大王后首发。两手小牌2和A2345必出一手,可先出单2,多出对5给三个头带对。有机会再上手后,迅速出掉A2345。

所谓中性牌,是指虽没有炸弹或者有一两个小炸弹,但全手牌点偏大,牌比较整齐:单牌较少且牌点比较大;"牌型多元化",有三带对、杂花顺、对子且都比较大,所谓"你出什么,我有什么",都能顺过或者管牌。这样的牌要边打边看,看看能顺过多少牌,还要根据对手的牌力,来决定是抢头游还是送搭档。

分析好牌力,是攻是防,给自己定好位后,我们就好首发出牌、递出信息了。

1. 首发出单张,是牌力强的信息

牌强出单张。小单牌永远是累赘,要想争头游,小单牌就要出掉,没有回手牌也要大胆出。当然,如果有顶天(到 A)同花顺或六个头炸弹,小单牌就一张,也可以考虑首发有回手的牌型:比如有小三带对,回手有大三带对;也可以考虑首发比较多的牌型,比如有五个对子,有对 K、对 A、对常主,给搭档信息,传递对子过来。

首发单张牌,搭档一看就要明白队友牌力强的信息,就要配合让队友争头游。若搭档牌力也强,就要考虑双带(双上),争一、二游;若搭档牌力不强,一定要牺牲自己、全力配合,根据队友出牌的信息,给队友送去他想要的牌型,力保队友抢出头游来。

很多人有个误解,总是机械地强调打强项。只要看到搭档有大王或者自己有大王,不管三七二十一,上手就出单,说是打强项,哪怕单牌较大也自己

【实战第20例技巧分析】 此牌打7。上家给他搭档进贡大王后首发单5,此时可迅速过6,重组A2345黑桃同花顺、10JQK(红配)A方片同花顺,形成4个对子,上手就打对子,遵循了"一种牌型打到底"和"炸弹越大越好"两个原则。

出。殊不知,单牌较大是可以顺过的,且有王,单牌还是可控的。要打自己的弱型牌,静等对手出单牌顺过、管牌即可。

当然,对首开单张牌的人,对手方即上、下家也应该高度警惕,要有意加强阻拦、变换牌型,抑其长而攻其短,特别是其上家,要尽力抬高、刻意扛起,不给攻方过牌。尤其是上家上手后，一定不要出首发者发出的同类型小牌了。

2. 首发出小对，是牌力弱的信息

牌弱出小对。自己牌力较弱就要示弱，向搭档传递信息自己是防守牌，看看搭档牌力如何，是攻还是防。如果搭档牌力较强，一般会接上一对，这样你就全力配合搭档争取头游；如果搭档牌力也不强，不接或顺过个小对子，那就要放给对手一个头游、打对手另一个末游，与搭档考虑争夺二、三游，减少损失。

当然，如果牌力强且对子多，是自己的主打牌型，首攻对子也是可以的。自己立牌后再出对子，搭档也就读懂信息了，再送对子作为配合。

对付"对子起步"，作为对手方，上、下家一般用中等对子防守即可，不一定非要卡压、封牌，但尽量不让他回手立牌。如果一开始就卡压、封牌，悬殊、越级过大，消耗牌力过大，后面容易失控。当然，如果上、下家牌力强可以封牌，再打出自己的主打牌型。

这里顺带讲两句，一是出对子的有顺子的可能性较大，搭档立牌后可考虑出顺子，而对手方轻易不

【实战第 21 例技巧分析】　此牌打 2。搭档首发三带对,被自己的下家三个 A 带对封住,上两家没再要,此时可拆出 22233 管封,立牌后出 445566,再 JJQQKK 回手。

要出顺子。二是所谓"消耗牌力过大",是指"消敌八百、自损一千",过分透支牌力不划算。比如,上家出个小单牌第二家就用王去管,是不合适的。最佳的用好牌力就是"贴皮管",你出四个 3 炸弹,我用四个 4 管;而不是你出四个 5 炸弹,我用同花顺管。当然,牌力过强另当别论,正如我经常说的"牌力强,随你怎么造(糟蹋)"。

【实战第 22 例技巧分析】 此牌打 5。牌力中性。首发,出什么? 本着"有打有收"的原则,先出 A2345,回手 10JQKA(两套),组 66688、78910(红配)J 方片同花顺。

3. 首发三不带,也是示弱的信息

牌弱也可以首发小三不带,向搭档表示牌力弱。这一般属于捣蛋牌、干扰牌,俗话说"要想怪,三不带"。开局出个小三不带,一般手上有两个以上三个头且对子较少或者对子较大。如果对子大,就是故意引诱对方上手后出对子。

【实战第23例技巧分析】 此牌打A。搭档抗贡,自己先出。牌力较弱,看看能不能偷着多出点牌。首发445566较好,既不刺激对手方,又有回手牌。若立牌,可再出AA2233。如果首发AA2233可能刺激对手方,容易招来拆管或炸弹,那么445566就较难打出去了。

我经常说"前面三不带,后面应有三带对",说的就是后面还有三带对,配合的搭档要注意了,后面要注意观察,合适时送个三带对给对家,而不要机械地再送三不带。

对付三不带,下家可以顺过,也可以不予理睬,牌力特别强时才可考虑卡压或炸掉；末家要根据自己的牌型和牌力来决定管控或炸掉第二手。

4. 开局小杂顺，牌力是中性

中性牌，一般开局出个小杂花顺或小三带对，但一定要做到"有打有收"（回手有到J以上的牌），边打边看对手的牌力。对家一看就明白了，会根据自己的牌力来决定是让过、顺过还是接管。搭档牌力弱可让过，中性牌也可顺过，牌力强恰又有大牌，接管也行。如果首发牌被对手阻断，搭档要记着这一茬，在合适的时候要给队友传递、喂送这种牌型。

当然，如果牌力强，其他牌型比较大、想抢头游，也可以开局出个小三带对或小杂花顺，而不用有回手牌，这叫作"小死牌不出没法顺"。要记住，掼蛋抢头游是第一位的。这样搭档就要仔细判断了，而不用刻意喂送这种牌型了。

5. 中性牌可开小三连对或小三连三

中性牌，如果有小三连对或小三连三（也叫钢板、靠背或双飞），开牌也可以首发，因为总体来说，有这样牌型的概率相对小一些、对手方难管。三连三牌比三连对成牌的概率还要小,因此,要在小三连对和小三连三牌里选首发,要首发小三连三牌。

【实战第 24 例技巧分析】 此牌打 9。进贡上家大王后先出。此牌可以重组 A23(红配)45梅花同花顺,首发 445566。虽然同花顺牌点小了,但单牌少了、大了,牌型多元化了。

首发小三连三或小三连对,对手若没有一般会让过,想再看一手牌。因此,很多时候就能够再出一手牌,或者要出末家的一个炸弹来。出三连对的一般三个头少,炸弹少;首出三连三的一般对子少,炸弹也少。

顺便讲一下第二家。"二家不拆牌,交给末家来"。首发小三连对或小三连三,第二家如果没有牌压,就不要强拆牌或轻易出炸弹,要交给自己的搭档(即末家,亦即首发者上家)看有没有现成的牌压,或者开炸。末家牌力强、炸弹多,可拆可炸,不再给首发者再出牌的机会;末家炸弹不多,也可以放过,看其出第二手牌的牌型。原则上首发者的第二手牌,末家一定要负责,管控或开炸。记住,不要轻易给一个人连出三手牌的机会。

6. 三带顺子少,出顺对子多

再补充一个搭档要读懂的信息。有一个口诀是"三带顺子少,出顺对子多",说的是首家发牌后,搭档要注意,如果首家出了三带对,原则上就是顺子少;如果首家出的是顺子,原则上就是对子多,行牌过程中要根据这个原则,给搭档送牌、喂牌。

说得直白些,就是队友要是出的三带对,搭档上手后要注意送三带对,送不了就送单牌,一定不要轻易出顺子;队友若出的是顺子,搭档上手后就要送顺子,送不了顺子就出对子。

【实战第25例技巧分析】 此牌打8。下家进贡小王先出445566,上两家没要,根据"末家拆牌管"原则,可上556677,再被下家1010JJQQ管住,此时可上四个2炸弹、立牌出444。

打好信息战,掼蛋能精算;两家配合好,胜利跑不了。祝天下掼友天天有蛋掼,掼蛋都能赢!

第三讲
掼蛋组牌与行牌的十大技巧

人生百年，风雨无数，大多都如过眼烟云，随时光逝去，唯友情与时弥增，是见面时的欣喜、不见面时的挂牵，是得意时的分享、失落时的慰藉。人生越到最后，越需要健康的身体，也越需要友情支撑起来的精神！

而这两点，掼蛋都将为你保证：一方面，掼蛋是益智活动，特别能锻炼大脑，预防老年性痴呆而延年益寿；另一方面，支起一张牌桌，泡上一壶好茶，叫上几个老友，边打牌边交流，那是最大的精神享受！

【实战第 26 例技巧分析】 此牌打 2。如此组牌让红配闲置太可惜了。可打乱重组 44466、56789 方片同花顺、78(红配)910J 黑桃同花顺、

8910(红配)JQ红桃同花顺、8910JQ杂花顺和单牌、J、2。

闲话少说,言归正传。这里我们讲一讲掼蛋的技术与技巧,即整合组织牌(即组牌)与出牌过程中(即行牌)的一些技巧。

1. 炸弹越多越好,单牌越少越好

抓完一次牌,人手27张,首先要完成组牌。

组牌的第一原则是"炸弹越多越好,单牌越少越好"。这要根据牌力的具体情况,尽量优先考虑"单牌越少越好",同时考虑"炸弹越多越好"。当然,两者若能兼顾最好。

若手里王多、主多,单牌也比较大,那就考虑保留炸弹,多出几张单牌来也无所谓。比如,910JJJQK,如果有两个大王,而手里其他炸弹也不多,就要留四个J炸弹,不出910JQK。如果还有其他炸弹,对手又恰恰出了一个杂花顺或三不带而你又是末家,910JQK或三个J能管住,也可以考虑用杂花顺或三个J管牌,而不要用四个J炸弹了。需要强调的是,绝不是自己上手出910JQK或三个J。

【实战第 27 例技巧分析】 此牌打 3。下家首发 77722，上两家都没要，作为末家，此时上炸弹或三个 3 都过于消耗实力，针对本牌对子多且小的特点，可上 KKK22，再用三个 3 带对 4 管下家的三个 A 带对，重组 910JQK（红配）红桃同花顺、910JQK（红配）杂花顺。

牌力弱，比如说满手只有一个炸弹，还是尽量考虑保留这个炸弹为好，宁愿多出几张单牌，也不去组杂花顺而放弃了炸弹。因为牌力弱，可能走不了，只能牺牲自己，关键时刻冲上去帮助搭档。炸弹毕竟是撒手锏、核武器，关键时刻用得上，冲上去立住牌了,就可以改变对手方所出的不利己方的牌型,而送出搭档需要的牌型来。

【实战第28例技巧分析】 此牌打2。上家首发对3,此时可顺过对5,拆四个9重组78910J方片同花顺,预留对8再过牌、对A管牌、红配和三个K或三个9机动组炸弹。

2. 炸弹越多越好,炸弹越大越好

组牌时,还有一个原则就是"炸弹越多越好,炸弹越大越好"。即组牌时尽量考虑多留炸弹,比如有两个炸弹，而同时又能串个同花顺，尽量留两个炸弹。炸弹多了可以频频开炸，管控对手方，调整出有利于己方的牌型，即"牌型不对口，炸弹就出手"。

"炸弹越大越好"，说的是组同花顺炸弹时，尽量往大一些组，从而开炸时能管控对手方，立得住牌，再发出一手牌。比如，能组杂花顺78910J、同花顺

【实战第29例技巧分析】 此牌打J。上家吃大王，下家首发555666，上两家都没要，此时可拆掉两个炸弹，上999101010管牌、同时重组5678（红配）9红桃同花顺，减少了两个小单张。

678910,恰恰前顺子的 J 与后顺子是同一花色,那就把 J 调换一下,组成杂花顺 678910、同花顺 78910J,所谓"牌大一级压死人"。特别是有红配,组牌时要尽量组成大一些的同花顺。

当然,如果对手方出了个杂花顺 678910,你也可调整成杂花顺 78910J 管牌,而留下同花顺 678910,这些都是可以灵活调整的。

3. 牌型多元(样)化,单张最大化

组牌时还要考虑"牌型多元(样)化,单张最大化"。牌型多元化,即常规牌型你什么都有,如果还比较大就更好了,这样对手方出什么牌,你都可以顺过或者管控:出单张你有单张,出对子你有对子,出三带对你有三带对,出杂花顺你有杂花顺,没有短板,搞得对手方无所适从,从而有利于自己争头游。

单张最大化,即组其他类牌型时所剩下的单张,要尽量考虑留大一些,好顺过,争头游。

4. 牌型套路化,上手还是它

与"牌型多元化"所不一样的,组牌时有时还要

考虑"牌型套路化"。"牌型套路化,上手还是它",说的是组出某一种牌型,有小的、有中的、有大的,"一种牌型打到底",做到"能出能收",信息明确,搭档也好送牌来。组这种牌型,一般要有A、常主或王之类的牌管控单牌,同时还要有一两个炸弹能立牌上手,继续自己的"套路"打下去。

【实战第30例技巧分析】 此牌打6。实战中下家首发A2345,上两家都没要,此时要灵活拆组78910J杂花顺上牌,再预留一套78910(红配)J杂花顺等着,三个A带对3或带对K都很容易出手。

关于"一种牌型打到底",这里可以多说几句。和搭档配合打一种牌型时,不要轻易接手改变牌型,哪怕中间被对手方炸弹阻断,也要记住这种牌型,上手时还要打出这种牌型。很多新手打牌随意,出个对子自己收住后,又改变牌型出个单张,完全没有主见,等于给下家送牌而"三打一",这样打法就是气死队友,完全印证了"不怕神一样的对手,就怕猪一样的队友"的说法。

组好的牌也不是一成不变的,在出牌过程中即"行牌"时,还要根据搭档和对手方的牌型,迅速做出调整,以变应变,根据攻、防的形势,组出搭档需要的牌型,组出能管压对手方的牌型。

5. 牌弱不动手,绿灯搭档有

牌力弱,搭档开牌后一般不顺过牌(含 10 以下),更不接牌(10 以上),先观望,给搭档让出顺畅的绿灯,通过出几手牌后,来判断搭档和对手方的牌力,从而在关键时刻能组出不同的牌型,或管控对手方,或喂送搭档。

如果轻易顺牌、垫牌,就把牌型固定住了,不同的牌型就无法重组,有可能送不去搭档所需要的牌型了,也有可能无法重组牌型去管压对手方同类型的牌了。

【实战第 31 例技巧分析】 此牌打 Q。上家首发 A2345,此时要立即顺过 45678 杂花顺,组 5678(红配)9 方片同花顺,再预留 8910JQ 杂花顺,解决了单张 4 难出的问题。

开局就接搭档的牌,表现出的是争头游的信息,搭档就要想着配合了。而上、下家对手方也要高度重视他下面主动出的牌型,尤其是上家,就要考虑是尽量管控还是抬升了。

6. 先出三不带，后有三带对

俗话说"先出三不带，后有三带对"，说的是有时对子少，两个三个头，只有一个对子，要先出三不带。搭档要根据报张数来判断，有时送个三带对恰到好处。

【实战第 32 例技巧分析】 此牌打 6。搭档抗贡。首发可出单 3，小王回手，再出单 5，组 A2345 方片同花顺，形成 4 个 6，红配机动三个头。如此拆打，既不过早暴露牌力，又可消耗对手方火力，从而给搭档减压。

有时对子很大，也要出三不带，一方面不让对手带出小对子；另一方面还容易让对手方误会你没有对子，从而打出对子来，你的大对子才能管控上手。

7. 二家不强拆，末家负责制

先说"二家不强拆、不上炸弹"。首家开牌后，第二家一般情况下是顺过，有同样的牌型就上，没有同样的牌型不强拆、强管而形成更多的单张，一般也不上炸弹，而交给末家（即第二家的搭档）负责处理。若第二家强行处理，拆牌、开炸，不仅仅是浪费牌力，而且还有可能阻挡了自己搭档出牌，因为他正好有同类的牌型可管。除非第二家实力很强，那就另当别论。

强调一下，很多第二家手痒，控制不住自己，喜欢拆牌管，甚至掼炸弹，这说明他的牌技还有提升的空间。若看到这篇文章后，再有类似情况时，哪怕只是拆多一张，也还请冷静想一下我这里的提醒："你的搭档有可能有现成的，能管住！"

再说一下"末家负责制"原则。"末家负责制，牌不让三手"，说的是末家一定要对每一手牌负责，对于对手方首家连出的第三手牌，末家"拆飞机卖零

【实战第33例技巧分析】 此牌打A。强调的是,组牌要仔细,不但要横着看炸弹,还要顺着看同花顺。此牌暗藏着黑桃78910J、梅花78910J两套同花顺,还可组10JQ(红配)KA方片同花顺,余下88844、大小王和10、Q、K几张大单牌。

件""吐血"也要管,一定要管压、阻断、开炸,不能再让他连出第三手,除非末家实在没有能力。

　　顺带说一点,首家出牌后可根据对手方的管与放,来观察他们的炸弹情况。自己出杂花顺或三带对,第二家没要,末家(即自己左手边的上家)也不要(末家未负责),可判断出末家炸弹少,甚至没有;自己再出同类牌型,第二家继续不要,说明第二家的炸弹也不多,要有也是个大炸弹。因为第二家已经知道搭档没有此牌型,也没有多少炸弹,自己是可管的而不管,只能说明是牌力不够强。

8. 牌弱打上家,牌强打下家

"牌弱打上家,牌强打下家"说的是牌力弱就打上家,也不想上家出牌给自己顺带走什么牌,反正走不了头游,对于上家封顶牌,立即开炸,不让他走,给

【实战第 34 例技巧分析】 此牌打 5。手里对

子较多，单牌来袭，要迅速拆对 J 上一张，既是扛牌也是过牌，而不要上来就上 5 或出对子，过多消耗牌力不说，还暴露了不吃单牌、对子多的信息。

搭档送去他需要的牌，争取让搭档争头游。

而牌力强想争头游，大牌、炸弹一般管下家，因为下家离你较远，给你顺带不了什么牌。同时，对于下家来说，你是他的末家，按照"末家负责制"原则，你也是一定要管压、控制的。

9. 诈强伴争霸，对手方牺牲大

"诈强伴争霸，对手方牺牲大"说的是有时牌力弱，是典型的末游牌，为了吸引对手方的火力，消耗他们的炸弹和实力，掩护搭档争头游，可以开局就高打高收，故意打出气势，假模假样想争头游，遇到对手方封牌就开炸，引诱对手方跟着炸，自己炸弹冲完，对手方上当受骗致牌力牺牲很大。结果是搭档拿头游，己方一、四过，升一级，效果很好。

当然，打这种诈强的牌，搭档要准确判断，明白队友的良苦用心，前期多不参与争斗，更不给队友喂牌，等到对手方消耗一定实力后，才发起猛攻，夺得头游。

【实战第 35 例技巧分析】 此牌打 2。上家首发出 33344,此时可出 55577,组 56789 梅花同花顺、910JQK 杂花顺,从而根据实际情况,让红配机动地与三个 A 或者三个 3 组炸弹,体现的是"要让红配活起来"。

10. 打好残局牌,轻易不放弃

我一直提倡:打好残局牌,轻易不放弃!

打残局牌以"10 张报牌"为分水岭。10 张报牌是较科学、规范的。当然,如果说更科学、规范的应是"11张报牌",因为可能有"三连三(或三连对)＋同花顺(或五个头)"牌型。现在有些地方常以"六张报""七张报"来打牌,那是极不规范的,也不符合统一标准。那样,打不出残局的技术与技巧来,我称其为"不正规的野路子"。

10张牌报牌时,原则上报牌者第二家必管压或开炸。为什么呢？本着"谁少先防谁"原则,一是末家(即第二家的搭档)不一定能管得住、炸得了;二是如果末家力量提前用完了,对手方的另一侧的牌路就顺通了,报牌者的搭档再送牌时第二家的搭档(即报牌者末家,也是上家)拦阻不了。当然,如果第二家没有管压、炸弹,末家还是要负起责,该管要管,该炸要炸！需要强调的是,只要一方进入10张报牌阶段,对手方一般情况下要尽量管、尽量炸！

10张报牌是进入大残局阶段。一家报牌后,另外三家一定要强记住其张数,每再出一手都要再记住其新的张数！再有报牌者,其他三人也还是如此。

打残局时,一定要记住王和主有没有出完,知道王和主的情况,甚至要记住10JQKA的大小情况,才能判断单张牌的大小情况,决定是从大往小出还是从小往大出。

更要记住"红配"有没有出完,这样才能判断有

【实战第36例技巧分析】 此牌打7。上家吃大王还10,下家首发A2345,上两家没要,此时要上678910,而不是78910J(红配),先不把红配固位。搭档立牌后出44422,可顺过66699。再过小王后可组6个A(加红配),还有333QQ给搭档送过去。

没有炸弹了,"红配没出完,一般有炸弹",这是要注意防控的。

5张牌是进入残局关键期。如果对手方走了一家,你的搭档成了你的上家,你可以通过出牌把信息透露足,让搭档懂你牌型送你先走。比如,5张是三带对还是杂花顺;如果你是三张牌,是一对加一张,一般就出一对留一张,搭档好送你走。

【实战第37例技巧分析】 此牌打6。对子太多,牌型较为单一。有两点要注意,一是单牌来袭,要能过8迅速过单张8;二是要组A2345梅花同花顺,调出445566三连对。

有一种情况需强调一下。若你的上家剩一张牌,而你手里有一对子(不是小死牌)加一张单牌且轮到你出牌,此时一定要出单张留一对,你的搭档好送对子给你走,否则留单张你的上家容易先你而走。

如果对手方已走了一个头游,残局时你和队友二打一,此时你剩两张单牌,你要注意:当你的搭档是你的上家时,要先出大的(当然,另一张牌太小也看情况定），既扛下家对手方，又等着已打通道路的搭档送牌；当你的搭档是你的下家时，先出小的，既让搭档过牌，又留大的更容易走掉，这样出牌科学、合理。

当然，提高掼蛋技术，还是靠实战，还是要多打。掼蛋的牌技属于技能的范畴，技能是可以通过不断训练而得到提升的，所谓"熟能生巧""曲不离口、拳不离手"正是提高牌技的重要途径。将"在战争中学习战争"的口号，引入掼蛋中，也正是要"在掼蛋中学习掼蛋"！同时，与高手对招，能够快速提升其技能，所谓"鲁班门前弄大斧、关公面前耍大刀"，还有请高人支招的一层含义。

第四讲
掼蛋，如何定位与配合

抓好一把牌后,在双方交战之前,根据手中牌力的强弱,以及进贡的情况,要做出一定的分析、判断,给自己的目标做一个定位,即初步定位。

初步定位没有其他三位掼友牌的信息,完全根据自己的牌力,因此只是个大致定位。当然,根据牌力要有一定的自知之明,而不能靠侥幸或希冀对手犯错来定过高目标。

【实战第38例技巧分析】 此牌打2。上家吃贡还10。下家首发,出45678,上两家没要,此时可出910JQK杂花顺。拆掉一个炸弹,带走两张单牌。

所谓初步定位,就是自己要扮演什么角色,大体能走几游。初步定位是个总体方向定位，既是确保胜面最大化，又是尽量损失最小化，这是搭档之间必须高度达成的共识和彼此信守的契约。利益最大化、损失最小化：首选，打对手双下；次之，力保己方一家头游；再次之，己方不被打双下。

初步定位一般基于三个问题考虑：

（1）自己最大可以打到什么结果，是头游、中游，还是下游？先大体给自己一个定位，这是非常关键的。

（2）自己在本把牌中是协助搭档、阻击对手方，还是以己为主、兼顾搭档？这是初步定位后，自己出牌所要采取的行动指南。

（3）自己是稳固防守、等待时机，还是主动出击、猛打猛攻？这是应对对手方出牌而要采取的行动指南。

具体分析如下：

（1）如果牌力强，初步定位角色是抢头游：主攻，牌力情况是炸弹多、控牌多、手数少。

（2）如果牌力弱，初步定位角色是帮助搭档抢头游：助攻，牌力情况是炸弹少或没有、控牌少、手数多。

（3）如果牌力中等，初步定位角色是攻守兼备，可在助攻中根据需要转成主攻，也可在主攻中灵活

【实战第 39 例技巧分析】 此牌打 4。上家首发出单 2,此时要立即顺过 3,不要组 A2345(红配)黑桃同花顺,重组 8910JQ(红配)方片同花顺,有 44422 三带对和 56789、8910JQ 两套杂花顺、单张 A,实现了"牌型多元化"和"炸弹越大越好"。

随机转成助攻。

掼蛋要争头游,争头游的原则是"牌强自己来,牌弱助搭档"。谋求己方一家头游是所有定位中的最高准则,一切组牌、出牌都是围绕这一准则进行的,保持己方执政地位不能丢!

自己牌力强,自己想争头游,就要递出争头游的信息,搭档自会助你一臂之力;自己牌力弱,确定为协助者,则应以牺牲自己为原则,不要抱太多侥幸心理,要全力支持搭档争头游。

【实战第 40 例技巧分析】 此牌打 10。单牌较多且不是强项,本着"单牌越少越好"的原则,此牌拆掉 10JQKA 红桃同花顺,利用红配 10 重组 23456(红配)黑桃同花顺、23456 杂花顺、910JQK 杂花顺,虽然同花顺炸弹变小了,但单牌少了、大了。

帮助搭档争得头游后,再想着尽量扩大胜果,自己来争二游或三游,即使最后没成功,自己是末游,也是"助"有所值!

当然，初步定位后也不是一成不变的，而是动态可变的。在打牌的过程中，随着其他三家牌的信息不断明朗，而要重新判断整体牌力强弱，从而适时、及时调整自己的定位，这叫再定位，所以我们经常说"边打边调整"。再定位后，重新改变攻、防角色，在复杂多变的战场中，打出精彩的牌局。

己方两家也有牌力强、弱之分。这里，我以己方定位为弱牌方（即协助方）为例，再谈谈两位搭档间如何更好地配合：

（1）弱牌方尽量不要率先立牌，要冷静观察、稳住阵脚，让牌力强的搭档先立牌，能够发牌，发出信息。

己方若有一家强牌方，在顶层设计完成后，坚决去冲头游时，另一方要全力协助，务必根据强牌搭档已确定的路线图重新调整牌型，使自己能达到阻击对手方力量最大化，支持己方强牌方力量最强化！

弱牌方在帮助己方强牌方能争得头游的前提下，再谋划一下自己的突围；己方强牌方则在确保自己头游的前提下（即能完全控制局面后），再考虑支持己方弱牌方，并尽可能多地消耗对手方力量，以使己方弱牌方能争取到好的位次。

若己方的另一方也是弱牌或中性牌，两位搭档

【实战第41例技巧分析】 此牌打A。此牌看似牌力非常强,但牌型较单一、对子太多。上家若出单牌,立即拆对10上一张,并第一时间拆四个王上大王、而不是回手上A,上手就打对子,留对A、对小王回手。若对手方首发三带对可考虑顺三个9(红配)带一对、回手三个K带一对。

要齐心协力,开展"二打一"行动,选择打倒对手方一家,千万别分散精力打对手方两家,要果敢放过对手方牌力强的一方,放弃头游,争取将对手方另一方打成末游,即止损。千万别异想天开,还去争头游!那样往往会造成"双下"结果,损失就大了!

(2)己方弱牌方如果立牌了,一定要打搭档的强项牌,亦即对手方的弱项(短板),要和对手方对着干(千万不要和对手方顺着干、做配合),要和对手方背道而驰,而让搭档过牌、立牌。

己方强牌方立牌后第一次出牌信息特别重要,这也决定己方弱牌方助攻和防守的路线图!原则还是"手里牌型多元化""一种牌型打到底""先出三不带,后有三带对""有打有收""要想争得头游走,两手小牌出一手""留手明确牌,等着搭档送"。

(3)己方弱牌方尽量不要顺过自己搭档的牌。

而实战过程中顺过搭档牌,却是很多选手都爱做的错误行为。为什么说是错误的呢?因为一是顺过总会抬高一点牌的大小,二是有可能下一步你没有小牌给搭档送牌了。比如搭档出33344,你顺过66655,自然会抬高你下家(你搭档的上家)的管牌大小,从而更抬高你搭档的回手牌。同时,有可能你再上手后,没有同样牌型的牌给你的搭档送牌了。

己方弱牌方应当以阻止对手方牌路为第一目标。比如搭档没要对手方的牌,你是末家了,就要坚决阻止,或管封或出炸弹,再调整牌型,给搭档送去他要的牌型。

【实战第 42 例技巧分析】 此牌打 3。此牌红配闲置，可惜。要敢于拆两个炸弹，组 45678 红桃同花顺，再组 8910JQ 杂花顺，这样就"牌型多元化"了。红配可机动地配四个 4 或四个 5，甚至是 56789（红配）红桃同花顺。

在搭档顺过或管封对手方牌时，己方弱牌方还应尽量少出牌，一是可迷惑对手方，让他们看不出你的牌力和牌型，不知道你牌的信息；二是留有更多的牌可增加变数，关键时刻可重组、变化，来管封、阻止对手方，并转换牌型帮助搭档。

掼蛋很能体现一个人的风格。掼蛋者的风格差异很大，一般有迟缓性、刚猛型及平衡型三种，在掼

【实战第 43 例技巧分析】 此牌打 2。可重组出 34567、78910J 两套杂花顺，预留 222QQ。虽然炸弹变小了，但解决了单张 7 的问题，保证了"牌型多元化"。还有一个小技巧：若上家单牌过 10 了，直接上小王而不顺过 A，免得对手方上小王，自己被迫上大王而形成一大一小鸳鸯王。

蛋的初期，要判断搭档与对手方每一个牌友的风格，实际上，这也是一个知己知彼的过程，因为风格决定了对后期技术或战术的判断、适应与配合，会影响到掼蛋的整场过程。比如迟缓性选手，会花长时间深思熟虑，组牌时间长，行牌时间长，你要耐着性子去适应；刚猛型风格的牌手，会在很早启用大牌，但你要判断出这不一定代表他牌力雄厚；而平衡型风格者，一旦启动，作为对手方，就要高度谨慎待之，以免浪费有限资源。

第五讲
掼蛋，如何出好首发牌

所谓掼蛋首发牌，是指一把牌抓好后出的第一手牌。它可能是刚开始、抓到明牌家出的第一手牌（开局首发），也可能是吃贡、还牌后进贡者出的第一手牌（双下由贡大者先出、同样大小"左贡右还"且头游的下家出牌），还可能是抗贡后头游出的第一手牌。不要误会成把每个人出的第一手牌都叫首发牌。

为什么如此定义呢？或者说，首发牌与每个人出的第一手牌有什么区别？我们认为，首发牌没有别人牌的信息，完全依靠自己的牌力来决定出什么牌、发出什么信息；而首发后每个人出的第一手牌，都有已出牌传出的信息参考了。因此，首发牌很重要，选择出什么也很艰难。首发牌的牌面上带出的信息，是表述自己牌力、牌型和这一把牌想取得什么成绩的信号！

关于首发，我总结提出并且一直提倡"牌强出单张，牌弱出对子"的观点非常实用！现在，在北京掼蛋圈子里，大多数爱好者都接受该原则并践行。首发一出小单张，另外三位牌友都心照不宣地知道这是牌力强、要争头游。

1. 牌强，首发一般打小牌

只有打完小牌，才能争得头游。小牌先走，是拿头游的前提！特别是有两手小牌，必须要先出掉一手。此时不一定要有回手牌。

首发单张，特别是 5 以下的小单牌，即先打小牌，表明是强牌。尤其是在贡牌后首发小单牌，属于"明知山有虎，偏向虎山行"类型，手中肯定是强牌。如果用同样牌型管住立牌或开炸后再发单牌，则说明小单牌较多，但炸弹也多，可带得过来，也再次表明是强牌！

若为弱牌，绝不要首发小单牌，因为你牌弱没有大牌可控，而发小单牌是以弱攻强，等于是在帮助吃贡的对手方，虽然自己小牌出了，但不会改变自己落败的结果。

你的小单牌是在手里还是在桌上结果都一样，都是输，你要是出小单牌（过小单牌）等于帮了对手，还不如出大单牌，扛好门板，干扰一下对手，帮助一下搭档，让搭档抢头游或者避免你们的败绩。

大多数初学者不会打，首发总是出最小的单张，还振振有词地说："我这小牌不出怎么办？"可是你没

【实战第 44 例技巧分析】 此牌打 6。上家进贡大王首发单 7,可顺过 J 再上大王,上家炸掉后出三个 8 带对,此时的技巧是:上三个 9 带对 K,预留 667788。果然,搭档立牌后出 334455,顺过后重组 10J(红配)QK(红配)A 红桃同花顺,轻松拿头游。

想想,出牌的目的是抢先走,你牌弱肯定走不了,多走一两张小牌又有什么意义呢?我们经常说,好,前面都让你走完,就让你剩下一张牌,"轰隆"对手炸弹一炸,你还是走不了。还不如牺牲自己,配合搭档,让搭档抢先走,这就是你们组合的胜利!

2. 中性牌，首发一般是三带对或小杂花顺

中性牌首发一般是小三带对或小杂花顺，但应有大回手牌。也就是说，中性牌是首发小三带对还是小杂花顺，原则上是这两种牌里什么牌有回手就出什么牌。立牌后若再打这种牌型，说明这种牌型特别多，理论上还留有一手（留好桥）！若没有了，就应该出其他牌型，而把这种牌型留一手，等着搭档送过来（用好桥），这是起码的合作信息。

中性牌首发三不带（三同张），属搅局，表明中性牌，可进可退，不帮对手方、不顾搭档，但同样要有回手牌。三不带不代表就没对子，有可能对子比较大，不想让对手三带小对。原则上，三不带后面必有三带对，搭档好送牌。当然，我们提倡中性牌、弱牌，都老老实实打规矩牌，不打异常牌，否则也容易搅和搭档。

中性牌也可首发小的难管牌，即 6 以下的三连对或三连三，让对手方的难管牌率先暴露或者让他们拆牌管牌。如果有大的难管牌，还是留着较好，可管牌、可应变。

【实战第45例技巧分析】 此牌打3。下家首发45678，上两家没要，此时要组8910JQ杂花顺管牌，一是"末家负责制"的要求，二是"单牌越少越好、单牌越大越好"的体现，而不要轻易动炸弹或置之不理。

3. 牌弱首发小对，让搭档明白自己的牌力

牌弱首发小对，以示弱，因为"对子无大小"，不怕下家过对牌。首发小对、大对回手立牌后，不再打对而改出其他牌型，这是进一步说明牌力弱。

有一种特殊情况是，若首发者立牌后再打对子，

【实战第46例技巧分析】 此牌打2。有一点要说明的是,若上家出8910JQ杂花顺,一定要及时调整出910JQK杂花顺管住,重组8910(红配)JQ黑桃同花顺。此牌下家首发445566三连对,此时作为末家要上QQKKAA封管,立牌后出3,重组23456、78910J两套杂花顺、8910(红配)JQ黑桃同花顺。体现的是组牌灵活性和应对变化性。

甚至炸弹立牌后再出对子,则说明其对子多、对子强、牌力强,就不一定是示弱了,搭档就要再对其牌力重新判断,其是真的"牌弱出小对",还是假象、想出掉累赘牌小对,再去争头游。这时搭档就要助攻、配合送牌了,要把对子打到底!

补充强调一下,牌弱绝不能先打自己的累赘牌!如小单牌,或者没有回手的其他牌型。你若打了,会造成搭档误会,从而影响两人配合并可能输掉全局。

从控牌角度考虑,有的人牌弱却喜欢先打中间牌。比如,打中间对(指 6 以上 10 以下的对子),如 66、77、88、99 等;打中间五连顺(指 6 以上 10 以下的杂花顺),中间三带对(指 6 以上 10 以下三带对);甚至打大单张(10 以上的单张),当然也都有回手。这种打法属于试牌型,或者是破坏对手的牌型。若搭档是强牌,则可接牌,即过牌或顺牌等。

不过,这样首发,信息表述不明,有些时候还会造成搭档误会其牌力强,所以,如果不是特殊牌型,强烈建议不如此首发。还是老老实实地"牌弱出对子"的好!

第六讲
掼蛋,如何打好第二家

需要说明一下,这里分析的牌理,都是前17张牌的普世道理,至于到了报牌的10张牌以内,那属于打残局了,略有些区别,应该具体问题具体分析,另当别论。

掼蛋开打,首家出牌后,第二家该如何出牌呢?这里讲一些小技巧——6招教你打好掼蛋第二家!

1. 不打上家牌,二家顺着来

第二家出牌的总原则,就是"不打上家牌,二家顺着来"。首家发出一种牌型后,作为第二家,如果有同类型牌,就愉快地跟着顺进去;如果没有同类型牌,也可以不要,交给搭档(相对于首家出牌者来说,也就是末家)来处理。

所以,第二家出牌,一般都是跟着上家顺过,"不打上家牌"说的就是这个道理。

当然,如果首家发牌的牌型第二家没有,而第二家牌型可灵活变化,变化后也没有多大影响,则可以顺势而变,重新组合、调整牌型,以应对、管压上家的第二手同类型牌。因为大家都知道"一种牌型打到底",上家出第一手牌的牌型,他很多时候会有第二手、第三手同类型牌,你要防患于未然,预留好此类型牌以便下一步继续管控。

2. 二家不扛大，否则损害大

作为第二家顺牌、管牌，一家不能用力过猛，不能差距过大消耗牌力，不能"消敌八百、自损一千"。否则，过分透支牌力，后面自己的牌力就不够了。

【实战第 47 例技巧分析】 此牌打 4。暗藏 45678 黑桃同花顺，如若组同花顺则单牌更多，可静观其变。留七个 7 的价值不大，干脆组 56789（或 45678 黑桃同花顺＋9）、8910JQ

两套杂花顺,6个7足够大了,如此可减少单牌张数。

比如,上家出个小单牌,你第二家就用主牌、就用王去管,这是不合适的。你可以迅速拆一个对10上下的牌垫上一张,而对手上张大一些的牌,转过来你再用主牌、用王去管,这样既管压了对手的牌力,又减轻了搭档的压力。

牌力运用最好的方式就是"贴皮管",你出 A 我出主牌,你出主牌我出小王;你出四个3炸弹,我用四个4管;而不是你出四个5炸弹,我用同花顺管。

当然,第二家牌力过强则另当别论,你可以"造"——胡乱挥霍。或者说是诈强,故意吸引下家火力损耗,减轻搭档压力,让搭档抢头游,那又是一种说法了。

3. 二家不强拆、交给末家拆

首家出的某一种牌型,第二家如果没有同类型牌,也不要轻易强行拆牌,拆得很零、很乱,不利于抢头游。因为你(第二家)没有,不代表你的搭档(末家)没有,在没有明确信息表明搭档没有这种牌型的情况下,不要强行拆牌。当然,若是末家没有此类型牌,第二家是可以强拆、管压的。末家强拆不了的话,也可以暂且放过一轮,看看首家出第二手牌的牌型。这样局势也不会失控。

【实战第 48 例技巧分析】 此牌打 4。要敢于拆掉 6 个头大炸弹,抽组 56789 梅花同花顺、78910J 杂花顺,变大炸弹为小炸弹,做到"炸弹越多越好""单牌越少越好"。

比如,上家出了个杂花顺,你本是三个对子中间连着两张单牌,拆了可管压,但拆了又多出了一张单牌来,形成三张单牌,此时你就要综合分析、慎重考虑了:拆了能不能立住牌?更多的单牌好不好走?如果是顶 A 的杂花顺还好一些,一是管住了、要炸弹，二是拆的单牌还比较大；如果拆了还不一定管得住，也只是个顺过，不如不拆，静观其变。

　　上家出三连对、三连三，同样是此类情形，第二家都要综合分析、慎重考虑。

　　当然，首发者连发的第二手同类型牌，搭档已在第一手牌时表现管压较为艰难的情况下，第二家也可以拆牌、重新组牌，组出与之同类型的牌来管压，

【实战第 49 例技巧分析】　此牌打 8。下家首发三个 6 带对，上两家都没要，作为末家，此时要上 AAA66，重组 A2345 杂花顺，既处理了单张 6，又预留了 KKK（红配）99，等着对手方继续出三带对。

从而负起一定的责任。记住！不要轻易给首发者连出三手牌的机会。

4. 二家可以让，炸弹不乱上

首家出一手某种牌型后，如果第二家没有这种牌型，不要举手就上炸弹给炸了。万一你的搭档有这种牌型呢！哪怕再大，只要没封顶，都可以让过，你的搭档都有用同类型牌管住的可能。否则，既无谓地消耗了你的炸弹，又封住了搭档把这种牌垫进去的可能。

当然，首发者连发的第二手同类型牌，搭档已在第一手牌时表现管压较为艰难的情况下，第二家在炸弹多的情况下，也可用小炸弹轰一下，负起一定的责任。还是那句话，不要轻易给对手连出三手牌的机会。

炸弹少，要用在关键点上。炸上家还是炸下家、什么时候炸，都要仔细研判，也就是我经常说的"炸点很重要"！

有些初学者老是害怕末家没有牌、管不住。比如，首家发三连对或三连三（又叫钢板、背靠背、双飞），第二家上来就拆牌管压或者直接开炸，虽是不

【实战第50例技巧分析】 此牌打3。下家首发杂花顺，上两家都没要，作为末家要调整出10JQKA进行管控，立牌后出单5。一是体现"末家负责制"，调出到A的杂花顺进行管控，并减少了一个单张；二是顾及"出顺对子多"，预留对子等着顺、管；三是红配没浪费，依然可组炸弹四个6、四个7。

惜力，却是太浪费。殊不知，虽然这种牌成牌的概率小、末家管不住的概率大，但是也有刚好管得住的可能。

因此，再次强调一下，第二家不要强行拆牌或轻易出炸弹！要交给搭档（末家，亦即首发者上家），看看他有没有现成的牌去管压,或者开炸。

末家牌力强、炸弹多,可拆可炸,第一手就不要给首发者再出牌的机会;末家炸弹不多,也可以放过一轮,看看首家出第二手牌的牌型,这样局势也不会失控。

5. 二家不延时,末家不越序

首家发牌后,第二家不要思考时间太长,思考时间太长,容易造成你的搭档(末家)忍不住犯规,他可能就有小动作了,比如,把能管住的牌抽出来比画,或者就问第三家"要不要,要不要",这样,第二家就不会出现误判——强拆牌、浪费大牌或消耗炸弹。这样做非常不合适,牌品不好且不说,这对对手方来说也是很不公平的。

因为掼蛋有如此大的魅力,本身就有一个误判性。每一把牌抓来,不同牌友可能有不同组法、不同打法,特别是在打牌过程中,每个人的管牌、炸点选择不同,带来的输赢结果可能就不同,因此要想在掼蛋江湖上树起威名,就要打得"过得硬",第二家没表态,末家要做到"不动口、不动手",静静地等。

越序就是越顺序、越秩序。首家出一手牌后,第

【实战第 51 例技巧分析】 此牌打 4。本着"单牌越少越好"的原则,可组 56789(红配)梅花同花顺,从而形成对 3,由三个 Q 带出。当然,若有对手方 34567 杂花顺过来,可用 45678 杂花顺顺管,依然可组 34(红配)567 梅花同花顺。

二家和第三家没表态,末家就有反应,这是不允许的!当然,一手牌第二家"要还是不要"要尽快表态、尽快处理,原则上一把牌上贡后还贡牌的处理时间是 40 秒,首发者接还贡牌后的处理时间是 40 秒,其后每手牌处理时间都是 20 秒。

6. 牌强打下家，牌弱打上家

正常行牌都是"牌打下家"的，因为下家离你远，不但要过你的搭档，还要过他的搭档（你的对手），因此要想顺过牌，较为艰难。只能牌打下家，若能立住牌，自己可首发牌并发自己想发的牌。

【实战第52例技巧分析】 此牌打Q。下家首发23456杂花顺，上两家都没要，末家若直接开炸有些过分且不一定能立牌，可拆四个8上678910，再组56789（红配）梅花同花顺，四个A立牌出33355，再出QQQ88回手。

什么是"牌弱打上家"呢？我们曾讲过，抓完一把牌，分析好牌力进行定位，如果牌力弱，就要抱定牺牲当末游，作为第二家就要猛打上家，一是吸引对手的火力给搭档减压；二是打上家以调整牌型，尽力、尽快给搭档送去对胃口的牌。

为什么"牌弱不打下家"呢？因为只有你不打你的下家，你下家出牌正好让你的搭档顺过牌，从而让你的搭档抢头游。

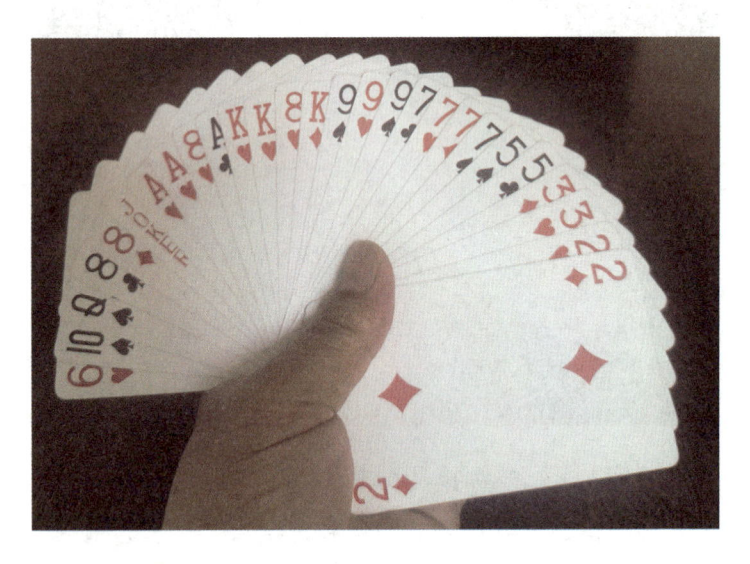

【实战第53例技巧分析】 此牌打8。下家首发三带对，搭档没要，上家抓到三个10带对，此时可上AAA22，立牌后出对3、对8回手，

被炸后对手方继续出三个J带对,此时可上三个K带对5、重组910J(红配)QK(红配)黑桃同花顺。在实战应变中,要学会用两个红配组同花顺。

注意,掼蛋抢头游,永远是第一位的！搭档双方,谁能抢头游保谁先走;在能保抢头游的基础上,再兼顾搭档。还有一点,也是我经常强调的,打掼蛋要"以我为主,兼顾搭档"。很多人在一把牌刚开始打的时候就想着对家,想着管压对手、送牌给队友,这是极其错误的！你还没判断出你与搭档谁强谁弱,你怎么就去送啊！殊不知,搭档的牌力也许还远不如你呢。结果胡乱管、送,双双俱败,损失惨重！

第七讲
掼蛋，如何做个好搭档

掼蛋输与赢，是两个人合作的结果。俗话说："不怕神一样的对手，就怕猪一样的队友。"说的是掼蛋要赢就需要有一个好搭档、好队友。一个人牌运再好、牌技再高，若搭档不给力，也很难赢牌。这也是常说的"拖后腿"。

没有配合，好牌没打出来，还会让人气恼，影响情绪，影响到下一把牌的正常开打，常会一错再错并一错到底，从而输得一塌糊涂。

那么，如何做个好搭档呢？我在这里略作讲解。

【实战第 54 例技巧分析】 此牌打 4。搭档首发对子后回手再发对子，说明其对子多、对子强，关键时刻要拆掉 10JQKA 杂花顺，用对 A、

对 J 封管住对手方牌，配合搭档再打对子，"一种牌型打到底"。

同样，还是要分析牌力。打掼蛋，"抢头游"才是硬道理。搭档也是"以我为主，兼顾对家"。有些牌友，常常一开始就给自己定了位，永远是配角，永远想的是给对家送牌，这是非常错误的。牌力强，要想着自己先抢头游，要多顺牌、接牌、等牌；牌力弱，要想着创造机会让搭档抢头游，要多让牌、变牌、送牌。这里，我为"做个好搭档"总结了六大技巧送给大家。

1. 不要抬牌

对家发了一手牌，他自己有想再过牌的愿望，作为搭档，如果牌力弱，一般不要顺过牌（含 10 以下），更不要接牌（10 以上），先观望，给搭档让出顺畅的通道，再通过出几手牌后，来判断搭档和对手方的牌力，从而在关键时刻组出不同的牌型，或管控对手，或喂送搭档。

如果轻易顺牌、垫牌，就有可能把牌抬大了，搭档过不去第二手牌；同时也把自己的牌型固定了，重组不出不同的牌型。这样，既有可能给搭档送不去

【实战第 55 例技巧分析】 此牌打 2。上家首发 34567，此时要想到他应该有回手，当机立断不留八个 K 或者两个四个 K 炸弹，而上 8910JQ 立牌，出对 10、对 2 回手，对手方炸掉后再出 10JQKA 杂花顺。

他所需要的牌型，也有可能无法重组出管压对手方的某类型牌了。

比如，对家首发出了一张 3，第二家出了一张 4，这时搭档即使有一张单 10，如果牌力弱也不上，从而有可能麻痹下家上一张单 5，从而让对家过了一张单 J；如果搭档顺上了这张单 10，下家有可能上张大牌，对家的单 J 就出不去了。

2. 学会让牌

有些时候,搭档要学会让牌,不去管牌,尤其是不能封牌。比如,对家出了一张单 3,第二家就上了张常主牌,说明第二家不吃单牌,在吃贡时知道对家有小王、大王的情况下,搭档若有小王、大王也不上,

【实战第 56 例技巧分析】 此牌打 6。可组 910JQ(红配)K 黑桃同花顺。亮点在于,上家发 55522,此时过三个 Q 要带对 9,四个 10 立牌后出 667788 三连对。

让给对家上,再出单,让对手难受。这一点,很多牌友做不到。希望看到这篇文章后,能够改变一下自己,学会"让过"。

还有很多牌友的错误打法是,"只要自己有,谁的牌都要上"。对家出了一对3,第二家上了一对8,作为搭档却不管三七二十一地就打出了一对A,殊不知对家正需要回手过对K、对A呢,结果这一阻断,帮了对手忙,让搭档失去了抢头游的机会。

3. 敢于接牌

还是那句老话,"掼蛋的一切都是为了头游",对家出了一手牌,搭档如果牌力强,抢头游的可能性比较大,就不用管对家、第二家出的什么牌,只要自己有,能过能管,都可以上。当然,打A时要头游、三游过,还是要兼顾一下弱的对家的。比如,对家出了手33322,第二家上了手66644,你有KKK44或者AAA22,只要牌力强,想抢头游,完全可以管上,这就是"接牌"。

顺便说一下,搭档开局就接队友的牌,表现出的是争头游的信息,队友就要想着配合搭档了。

4. 要会递牌

对家出了一手牌，却被第二家或末家给封住了，搭档就要记住这件事，若牌力一般、有机会上手，就要想着给对家送去这种牌型，理论上他有这种牌型的回手牌。即使中间打了几手其他牌型，也要想着这件事，一旦有机会，赶紧递过去，"对家要啥就给啥，拼尽全力也送他"。

比如，对家出了33322，被第二家AAA44封住了，你一旦上手就应递个三带对给对家；若你这个三带对又被下家KKK22管住了，又打了其他两手牌，你立住牌了，还是要送个三带对给对家，这件事不能忘！

也有一种递牌，不是硬递，而是递送对家有可能有的牌型。如，对家出的是杂花顺，搭档上手后没有杂花顺，那就送对子，而不能出三带对，因为原则上是"组顺三带少"，且组顺有对子。当然，如果杂花顺是中间牌，对家大牌没怎么出，那对家也可能有大的三带对，作为搭档可试着送。

还有一种递牌，是拆牌递。比如，对家出对子后被对手阻断，搭档上手后要递对子，有些牌友就抱

【实战第57例技巧分析】 此牌打 A。下家打对子,转过来后上对 K 立牌,出 A2345 杂花顺,回手 678910 杂花顺(两手),留对 J 再等对手方送对子过来,组 345(红配)67 梅花同花顺。此牌不可硬留两个三连对,也不可追求炸弹大、组 56(红配)789 方片同花顺(如此,单牌太多)。

怨,我没有对子呀,我满手都是三个头。殊不知,三个头就是对子加单张,这时只要你的牌力不强、有利于对家抢头游,你就要果敢地拆三个头送对子给对家。还有牌友说,我这拆乱了怎么办?还是要看牌力,不拆你有实力抢头游吗?没有实力你就拆,乱不

【实战第 58 例技巧分析】 此牌打 9，首发。先出三个 7 被上家三个 K 管住，此时可上三个 A，立牌后出 23456 杂花顺，重组 A2345（红配）梅花同花顺。虽减少了一个炸弹，但三个 A 立手牌并处理了一个单张 5。

乱你反正抢不了头游，那何不给对家创造机会呢？

递牌要先递信息明确的牌。如，对家是吃贡大王的且大王还没有出，搭档上手后就递单张牌，哪怕是对家刚出了对子。在对子和单张里，还是选择出单张。因为对家再要对子是 50% 的准确，而有单王是 100% 的准确。

5. 勇于牺牲

对家发牌后,作为搭档,若牌力弱,要勇于牺牲自己。正如一位掼友常爱说的"要当敢死队"。所有炸弹都炸完,所有牌力都用尽,不开炸弹博物馆

【实战第59例技巧分析】 此牌打2。如此组牌没能发挥红配的作用,有些可惜。有三个王、两张主,释放J、Q、K、A四张单牌不可怕,可重组45678杂花顺和56(红配)789方片同花顺。有大单、大对、三带对、杂花顺、大炸弹,牌型多元化。

（牌都输了，手里还有炸弹，绝不可取）。上、下家一块打，牺牲自己，用炸弹吸引对手炸弹，给搭档减压、递牌。

牌力弱，反正也走不了头游，对于第二家封住搭档出的牌，立即开炸，不让其出牌；上家一出牌，只要是搭档不要的牌型，即使拆牌也要管、封。一旦有机会，就给搭档送去需要的牌型，争取让搭档抢头游。牌拆乱，局搅乱，赢得搭档头游牌，这是做好搭档的最佳策略。

6. 及时调整

对家出了一种牌型后，作为搭档要是牌力弱，就要考虑"牌型套路化"了。哪怕是已经组好的牌，这时也要及时重组，"调整牌型，迎合对家"。不能是搭档打对子，你打三不带，各打各的，这样会输得惨！

"牌型套路化，上手还是它"说的是组出某一种牌型，有小的、有中的、有大的，"一种牌型打到底"，做到"能出能收"，信息明确，好给对家送牌去。组这种牌，一般要有 A 或主牌类的牌做保证，同时还要有一两个炸弹能立牌上手，继续自己的"套路"打下去。

【实战第60例技巧分析】 此牌打Q。上家首发23456,此时可上678910,重组89(红配)10JQ黑桃同花顺,再过910JQK杂花顺、三个K带对8。

关于"一种牌型打到底"可以多说几句。搭档间配合打一种牌型时,不要轻易接手改变牌型,哪怕中间被对手方的炸弹阻断,也要记住这种牌型,上手时还要打出这种牌型。很多新手打牌随意,出个对子自己收住后,又改变牌型出个单张,完全没有主见,等于给下家送牌而"三打一",这样的打法完全能气死队友!

虽然组好了牌,但在出牌过程中即行牌时,能根据对家和对手的牌型,迅速做出调整,以变应变而适应攻、防,组出对家需要的牌型,组出管压对手的牌型,这样的搭档才是高手!

第八讲
掼蛋，如何当好守门神

打掼蛋,出牌者是攻方,对手就是防家。首家每出一手牌,第四家即末家都是最后防线,都要当好国门卫士,严防死守,阻拦堵截,想尽一切办法、用尽一切手段,制造障碍,打乱攻方的如意算盘,不让首家的想法得逞。同时,调整牌型,把握好己方的节奏与步伐,争取抢头游!我原创的"末家负责制"原则正在掼蛋圈子里践行。那么,如何当好守门神、实现"末家负责制"呢?这里,我总结了 6 条法则来实现"末家负责制",实战中很受用,供大家参考。

1. 扛牌

扛牌就是一轮牌的首发者出某一种牌型后,第二家没要或者是小牌顺过,第三家也是如此,作为末家就要上大一些的牌扛起来、抬起来。

比如首家发单张 3,第二家顺过 5,第三家顺过 7,轮到末家时就要上单牌中较大者,有单 A 就上 A,有单 K 就上 K,甚至上主牌,绝不能小于 10。除非你牌力强、已启动抢头游了,顺过一张就能拿下头游,这时你可以顺过一张小些的牌。

其他牌型也是如此。比如首家发对 3,第二家出对 4,第三家没要,末家就要上大一些的对子,至少是

【实战第 61 例技巧分析】 此牌打 4，首发。虽有两个红配，但牌力依然不强。先出对 2、过对 J 后，被下家用对 A 封住，其出三带对，此时调整上 AAA55，立牌后出 678910 杂花顺，组 34（红配）56（红配）7 方片同花顺。

10 以上的对子。

还有一种牌也是要扛牌的，就是对手方两人之间的送牌，也要扛起、抬起。比如，首家发 33322，末家 KKK33 管住了，下家（即上轮首家）没要，他的搭档开炸立牌，再出 44455 送牌，此时的末家虽转换为第二家，但也一定要扛牌、抬牌，如果能变化出

【实战第 62 例技巧分析】 此牌打 6。炸弹不要一味求大,根据"炸弹越多越好"原则,此牌归位四个 8、四个 9,组 34567 杂花顺,处理掉小单张 3,三个 J 带对 4,较好。

QQQ66 要立即扛上,即使有红桃配,也要把它组到小三个头上。

扛牌很重要。末家牌力强要扛,扛住了自己抢头游;牌力弱更要扛,扛住了能给搭档创造抢头游的机会。

2. 封牌

封牌就是一轮牌的首发者出某一种牌型后,第二家没要或者是小牌顺过,第三家也是如此,作为末家就要上到A的牌给封住。

比如首家发34567杂花顺,第二家、第三家都没要,轮到末家时能封则封,如若能组出10JQKA杂花顺就组出来给其封住。其他牌型也是如此。比如首家发33344,第二家、第三家没要,末家要是有AAA22,就直接封住。

还有一种牌也是要封牌的,就是对手方两人之间的送牌,也要能封则封。比如,首家发33322,第二家出AAA33管住了,第三家开炸立牌,再出44455送牌,此时的末家虽转换为第二家,但也要能封则封,如果能变化出AAA66要立即封住,即使有红桃配,也要把它组到小三个头上。

封牌同样很重要。末家牌力强要封,封住立牌了,变换牌型,自己抢头游;牌力弱封住了,吸引对手方的炸弹,给搭档减压、创造抢头游的机会。

【实战第 63 例技巧分析】 此牌打 2。把方片 A 下放,组 A2(红配)345 方片同花顺较好,有杂花顺,三个 K 有对 6 带,对子有对 A,实现"牌型多元化"。

3. 开炸

如果一轮牌首发者出某一种牌型后,第二家没要,第三家也没要,末家可以让一手牌观察;首发者再出同类牌型,第二家、第三家还是没要,这时末家要是拆不出同类牌型管压,就要开始出炸弹了。"末家负责制,不让三手牌""末家负责制,炸弹干掉它"。

比如首家发 34567 杂花顺,第二家没要,第三家也没要,末家手里牌也拆不出杂花顺管压、炸弹也不多,就可以让首家再出一手;首家再出 678910,第二家、第三家都没要,说明第二家也不好拆出同类型牌、炸弹也不多或者有个大炸弹,此时轮到末家时有炸弹就要开炸,不让首家出第三手牌,从而控制局势、调换牌型。

【实战第 64 例技巧分析】 此牌打 6。下家首发 A2345,上两家都没要,此时上 56789,下家上 678910 管压后再出 A2345,上两家仍没要,此时重组后上 23456,下家又上 678910,此时再上 910JQK 杂花顺,组 10JQKA(红配)黑桃

同花顺,等过三个J带对2后,拼头游。

还有一种牌也是要炸的,就是对手方两人之间的送牌,也要能炸则炸。特别是打残局时,比如,首家发33322后报9张,第二家AAA33管住了,第三家开炸立牌,再出44455送牌,此时的末家虽转换为第二家,但要是没有三带对抬起,也要能炸则炸,不要让下家(即上轮首家)顺过三带对而空弹沉底。

4. 换牌

换牌,也就是换牌型。当末家封牌或用炸弹成功立住牌后,一定要调换牌型,出下家(即上轮首家)没有、不要的牌型。比如,他出三个头(三不带),你出对子;他出三带对,你出杂花顺;他出一单张,你可出杂花顺,等等。原则是对着干,他要什么不出什么、他没有什么你出什么,要记住口诀"三不带对子少""三带对有单张""出顺单张少、出顺对子多"。

换牌型尽量要成功,打出自己方需要的、对手方不要的优势牌型。一般情况下,不要管压、炸弹后,换牌小单张,让下家(即上轮首家)轻松过小单张牌。这叫换牌不成功。因为他打出套牌告诉其搭档信息,打完套牌后正准备出单张,这时你给他过牌,等

【实战第 65 例技巧分析】 此牌打 9，首发。鉴于无王无主（红配除外），单牌弱项，此牌重组 34（红配）567 黑桃同花顺，形成 88822、KKK44，首发单张 3、10、Q 能过一张更好，或者开炸出牌，或者静等三带对的春天到来。

于白炸。经常有这样的初学者，作为末家用炸弹炸掉首家的 10JQKA 后，立即出一张单 3，下家（上轮首家）过一张单 4，"纯粹三打一，气坏你搭档"，是典型的"换牌不成功，等于帮倒忙"！

5. 留牌

留牌，也叫预留牌，就是在行牌过程中，有意识地留好对手方已经出过并且需要的牌型，提前做好"末家负责制"的准备，以便对手方再出同类牌型时来抬扛或管压，"留好茬口牌，等你再出来"。

一种留牌是顺掉多余的牌张，留好牌型。比如，首家发对 3、对 A 回牌后再出对 5，被第二家用对 A 封住，第二家出单张 10，第三家出单张 J，末家有三个 Q，此时可顺垫上一张 Q，既是扛牌，也预留个对 Q，等着对手方或出或送来抬扛、管压。

还有一种留牌是调整组牌，留好牌型。比如，首家发 34567，被第二家 10JQKA 封住后发单张 6，第三家上单张 9，末家手里有 1010JQQQKAA，这时就要顺过 10，留组 10JQKA＋对 QQ＋单张 A，而不考虑顺过单张 J。

【实战第 66 例技巧分析】 此牌打 6。因对手方抗贡首发,先出三个 2 再用三个 A 回手立牌后,出 34567 杂花顺,等着搭档送三带对牌型,"先出三不带,后有三带对"。

6. 抢牌

抢牌是指打残局时,末家抢着出牌先走,抢得头游。当首家发牌后报牌,末家若也是两手牌且是炸弹带一手牌,就要抢先出手,炸弹比大小。因为炸弹不分牌色、有无红配,同样大小的情况下,谁先上立牌,谁先走。

【实战第 67 例技巧分析】 此牌打 A。此牌虽有四个炸弹,但有三张小单牌,因此要拆掉一个炸弹,组 A234(红配)5 杂花顺,预留三个 Q 带对牌型。同时,若用四个 8 炸弹,有个隐藏牌的信息小技巧:让梅花 8 归位组四个 8、组 5678(红配)9 梅花同花顺。

比如,末家两手牌,黑桃同花顺 10JQKA+杂花顺 34567,已经听牌,静观桌面敌我双方变化,随时可炸可走。这时首家立牌、出牌后也报 10 张,末家就要抢牌、抢先炸弹,而不要再观望,说不准首家(下家)的牌是梅花同花顺 10JQKA+三带对呢。

末家不抢走,首家直接炸、直接走,这可没有"黑红梅方"大小顺序之分,也没有"纯同花顺比红配同花顺要大"之说,只要一样大小,谁先出手谁就大,包括四个头炸弹也是如此,比如 4(红配)444 和 4444,也是谁先出手谁就大。打掼蛋的人,经常能看到"正顶"(一样大小)而没有先出手、懊悔不已的场面。

第九讲

掼蛋，如何还好吃贡牌

掼蛋赢牌，无论是头游还是双上，下把牌都要吃贡。吃贡后要还回一张牌。还牌很有技巧，还给对手方的牌和还给自己搭档的牌，有时很不一样。因此，要尽量给搭档还出对他有用的牌，组出炸弹、整牌，助其牌力增强，以便抢得头游；而给对手方还出他没有用的牌，成为他的累赘、闲牌，给他制造麻烦。

一把牌抓完后，还是本着"炸弹越多越好、单牌

【实战第 68 例技巧分析】 此牌打 4。下家首发，出 556677，上两家都没要，此时可上 778899，立牌出 66622，重组 8910JQ（红配）方片同花顺，顺过 10101055 和单牌 A、4，抢得头游。

越少越好"的原则组牌,吃贡者在组剩下的单牌中选择还牌。具体如何还牌,这里交流6个一般性原则,供大家参考。

1. 还搭档"还2不还3"

在不打2、3的前提下,当你组牌完成后,要还给搭档牌,如果在单张2和单张3中选择时,一般还给搭档单2。道理是你的2少,搭档就可能有2,甚至是个单2,这样你就解决了他的单2累赘问题,从而组成对2,用三个头带走;也可能搭档形成三个2或四个2炸弹。

同时,你留下单3,有可能用吃贡牌立牌将其出手;也有可能你的上家出单2,你顺过单3。

当然,相对的是,如果给对手方还牌,那原则是"还3不还2"。道理是相通的,给对手方制造夺取胜利的障碍:如果单张3给对手方后还是单牌,他牌力不强,如果首发3吧,容易造成别人误会,当他牌力强;他不出小死3吧,想抢头游或者第二游又增加了难度。让他左右为难。

【实战第 69 例技巧分析】 此牌打 A。鉴于此牌有两个小单张 2 和 5 不容易出手,可组 10JQKA(红配)大黑桃同花顺,大王、四个 10 或四个 J 立一手牌出单张 2,此牌即可抢头游。

2. 还搭档"还牌 5、7 香"

在不打 5、7 的前提下,当你组牌完成后,要还给搭档牌,如果在其他单张和单张 5、7 中选择时,一般还给搭档单张 5 或 7。道理是 5、7 一般是组顺子的关键牌,往往断 5 或断 7 时容易形成好几张单牌。若能还给搭档 5 或 7,组出 A2345 或 678910,可能会让一颗颗散落的珍珠串成完美的项链(包括三连对)。

【实战第70例技巧分析】　此牌打J。此牌3个炸弹,看似很强,其实牌力一般,组出单牌4、5更不好处理。可组223344、55、45678(红配)黑桃同花顺,减少一张单牌。

当然,相对的是,如果给对手方还牌,原则是尽量"不还5和7"。这道理也是相通的,"没有5或7,散牌窝手里"。特别是若单张2、3、4窝在手里,那抢头游的概率就很小了。

3. 还对手"4、6 不成才"

在不打 4、6 的前提下，当你组牌完成后，要还给搭档牌，如果在其他单张牌和单张 4、6 中选择时，一般还其他单张牌，而不给搭档还单张 4 或 6。道理是单张 4、6 不是组顺子的关键牌，本来已组出了 A2345 或 678910，又给了 4 或 6，往往会形成新的单张，成为新的累赘（包括三连对，往往会形成头大、腰粗或尾大）。

当然，相对的是，如果给对手方还牌，原则是尽量"还他 4 和 6"。这道理也是相通的：就是让他"4、6 不成才"。

4. 还搭档"还大不还小"

当你组牌完成后，要还给搭档牌，在两张一大一小单牌中选择时，一般原则是"还大不还小"。比如你有单张 6、单张 9，还牌给搭档时给单张 9 比较好。因为即使这张牌给搭档他也组不出牌，也是张单张，那他过 9 比过 6 容易，不易形成累赘牌。而你有吃贡牌若立牌时，出 6 或出 9 差别不是太大。

同样，相对的是，如果给对手方还牌，原则是"还小不还大"。这道理也是相通的：大单牌自己容易顺过，小单牌可能给对手方增加累赘。

【实战第 71 例技巧分析】 此牌打 10。对手方抗贡。此牌首发，出什么？应回归四个 7、五个 6，出 55522、留 99988 等着搭档送牌，既减少了一张单牌又传递出了要牌信息，还减少了出牌手数。

当然，在单 2 和大牌中（甚至是单 10）选择时，如果自己牌力强，可还对手方大牌单 10 而不还单 2，因为单 2 有着特殊性，有时太有用了，组个对 2 有可能就让对手方解决了大麻烦。

5. 拆牌还"拆三不拆二"

很多时候会在组牌完成后,突然发现牌组得非常整齐,没有一张 10 以下(包含 10)的单牌还贡。而吃贡必须要还牌的,怎么办?只有拆牌,拆出一张不影响大局的牌来还牌。

【实战第 72 例技巧分析】 此牌打 A。下家首发对子,此时过对 Q 后下家上对 K,用对 A 封住后出 22233、回手 KKK88,留对 J 再扛下家,组 3456(红配)7 黑桃同花顺,虽然同花顺小一级,但带走了一张单牌 8。

这时候的原则是"拆三不拆二、拆大不拆小"：首先，若有小三个头，第一选择是拆出来一张还牌，即"拆三不拆二"；其次，没有小三个头或三个头不便拆解，那第二选择就是拆对子，拆对子的原则是"拆大不拆小"，即"有对10不拆对9"，这是出于自身考虑，自己拆出的单牌留在手里在行牌过程中容易顺过，而不至于成为累赘，平添麻烦。

6. 组顺炸"考虑花色还"

"考虑花色还"的意思是指要考虑还出去的牌能否组成同花顺。若还给搭档，尽量想着让他有组出同花顺的可能，应还某一花色上下自己都没有的牌。比如，组牌后有两张单牌，梅花5、方片7，而自己有梅花对6，那就还方片7。

同样，若是给对手方还牌，那就考虑尽量不让他组出同花顺来，应还某一花色自己上下都有的牌。比如，组牌后有两张单牌，梅花4、方片3，而自己有梅花对6，那就还梅花4。

还有一个花色考虑，就是还红配上下的红桃牌。若是还给搭档牌，尽量不还红桃牌，让红配自由组合。而还给对手方牌，就尽量还红配上下的牌，这样他即使组出同花顺,也是红配归位,限制红配自由组合。比如,打5,有闲牌红桃6、方片4,还搭档就还方片4,还对手方就还红桃6。

还有一点可考虑,还对手"不还孤单张"。当你牌力强时,尽量不把手中的孤单张还给对手,以免其形成炸弹,或者五个头甚至六个头炸弹。

【实战第73例技巧分析】 此牌打6。上家首发三个7带对,此时不能顺过三个8带对,而应上三个Q带对2、预留三个K带对5,组78910J杂花顺,因为此牌小对子较多需要带出,同时也抬高对手方牌级。

再补充说几句。实战中如果双上,先还牌者应将牌面扣下,而不让后还牌者看到还什么而有所参考,这样是保护弱者(即保护双下者),以更有利于这一把牌的公平。

还有很多人不知道,双下后贡一样大小牌时,如何吃还牌、然后谁先出牌?其实《掼蛋竞赛规则》有明确规定,"左贡右还",即贡方向左手贡牌、还方则向右手还牌,并且固定由头游的下家出牌。民间有

【实战第 74 例技巧分析】 此牌打 K。应组 A2345 杂花顺,而不是组 23456 杂花顺。拆四个 A,三个 A 带对可封管对手方牌且有可能立牌;而三个 6 有相近的三个 7,顺都不好过。

很多打法是，先还牌者明着还，让后还牌者参考，还完牌后两贡者商量谁要什么牌、商量着谁先出，这样既不规范、严谨，也容易产生混乱、争议，从某种意义上说，牌还未打就暴露了一些牌的信息。这样很不好。还请掼蛋者们坚持"左贡右还"原则，精准到位，规范严谨。

以上只是基于多次掼蛋实战、大数据得出的大概率、普世性的一般经验总结。每把牌到底还什么、如何还好牌，具体还要通过自己这把牌的信息，看牌力、牌型、牌张来全面分析、深入思考、综合判断。生活中，希望亲爱的读者每把都能拿头游，每把都能还出"仇者痛、亲者快"的好牌来。

第十讲
掼蛋，如何打好残局牌

掼蛋的魅力，还在于如何打好残局牌。

所谓残局牌，是指某一手牌出完后，手里牌的张数小于或等于 10 张牌，就要主动向大家报牌，且此一轮牌结束后不再报牌，询问也不可以告知（包括搭档）。因此，只要有人报牌后，无论是对手方还是搭档，都一定要用心记住，并且在其后再行牌时，还要记住其减数、变数，从而知道他手里实际还有几张牌，只有如此，才能根据牌的张数来判断牌型，搭档或喂或送，对手方或管或控，从而打出胜利来。

现在民间打法常有 7 张报牌、6 张报牌，甚至"不问不报"，这既不科学，也不规范，还是统一到全国标准的 10 张报牌最好。因为无论是 7 张报牌还是 6 张报牌，都容易偷跑，会形成报牌即空弹沉底的局面。比如手里有 9 张牌不够报张，出个三带对，只余 4 张，报牌即是四个头炸弹，这样打不出残局的技巧来，从而丧失了很多掼蛋的魅力。

其实，掼蛋之所以"好玩"，应该说有一半以上的魅力是在打残局牌上。10 张制残局报牌，是希望掼者手里至少还有两手牌，从而判断其牌型，琢磨其牌力，思考递送或管控，是推理决断的过程，是斗智斗勇的过程，其结果是胜利者的微笑，或者是误判者的懊悔，都充满着变数，影响着玩家的情绪。

【实战第75例技巧分析】 此牌打A。搭档抗贡，首发。先出单5比较好，一是打搭档的强项牌，二是解决三带没对子的问题，三是以防传递给搭档错误信息"出顺有对子"，其上手送对子过来。

打残局中经常有关键抉择时刻，是"放掉强者、放弃头游"，还是"宁愿牺牲、不愿后悔"；比如下家还有两张牌，你是出单张还是出对子；再比如搭档还有6张牌且有明牌大王，你是出单张还是出三带对（或杂花顺）5张牌，搭档5张牌的牌型你要做出判断（出单张牌，下家有可能顺过一张牌就合手了），你是出

100%的正确牌（出单张牌）还是出50%的判断牌（送5张牌），让人犹豫不决，都很吊人胃口。艰难而慎重的选择非常重要，因为掼蛋的进贡制，常常让输者很难翻身，往往会出现"一牌错、一局输"的局面。

其实，掼蛋残局最为科学的报牌应该是11张，这样即使是三连对、三连三，再加上5张牌的炸弹（五个头或同花顺）也是两手牌，也有给人判断、处置的机会，否则6张牌一出5张报牌，空弹沉底，又属于"偷跑型"。当然，真正的高手打残局，不用你报牌，他也会记着你有多少张牌，尤其是记着你11张的节点牌。由于目前执行的标准是10张制残局报牌，因此，这里也提倡大家尽量记着11张节点牌，早日成为高手！

还有，残局报牌，很多人都一张张数，这样既慢又耽误时间，还容易数错，这里教大家一招：按牌型来报数，比如5（三带对）＋4（四个头炸弹）9张，5（同花顺）＋2（对子）＋1（单牌）＋1（单牌）9张，4（四个头炸弹）＋2（对子）＋1（单张）7张，一目了然，不用一张张去数，即可轻松、简单、准确报牌。

打好残局牌，我曾提出过两个原则：第一个原则是"谁少先防谁"，即对手方两家谁先进入残局牌，己方两家都要齐心协力先防他、管压他；第二个原则是

【实战第 76 例技巧分析】 此牌打 3。下家首发三连对,上两家都没要,"末家负责制",此时可上 991010JJ、立牌后出 5,重组 45678 杂花顺、678(红配)910 红桃同花顺,有对 3、三带对,实现了"牌型多元化"。

"牌可打上家",甚至是"牌要打上家",进入残局牌时的打法,和前 16 张牌的打法不同,第二家(己方)要管上家牌,或拆或炸,都可以行动起来。

为什么要求这样做呢?不是说"末家负责制"吗?有两个原因:①末家(即第二家的搭档)不一定负得了责任,万一没有牌,管不住、炸不了,上家又多出一手牌,他就可能抢得头游了;②如果末家即第二

【实战第 77 例技巧分析】 此牌打 8。首发。虽没有三个头,红配 8 组不了炸弹,但如此用死很不好,可组 A2345、45678 杂花顺,红配抽出来灵活机动应用,比如,有可能用于 QQQ(红配)JJ。

家的搭档力量提前用完了,对手方的另一侧牌路就顺通了,报牌者的搭档再送牌时,第二家的搭档(即报牌者末家,也是报牌者上家)拦阻不了,对手方报牌者容易再吃牌、抢头游。当然,如果第二家没有管压、炸弹,末家还是要尽力负起责任,能管要管,能炸要炸!需要强调的是,只要一方进入 10 张报牌阶段,对手方一般情况下要尽量管、炸!

10张报牌是进入大残局阶段。一家报牌后,另外三家一定要记住其张数,每再出一手都要再记住其新的张数!再有报牌者,其他三人也还是如此。

打残局时,一定要记住王和常主有没有出完,知道王和常主的情况,甚至要记住10JQKA的大小情况,才能判断单张大小的情况,决定从大往小出还是

【实战第78例技巧分析】 此牌打4。首发。"小牌可先出,拆小不拆大。"此牌在四个7、四个2中选择拆弹,可拆四个2、组23456,先出222、用AAA回手,再出23456,静等三带对的到来。

从小往大出。

更要记住"红配"有没有出完,这样才能判断有没有炸弹了,"红配没出完,一般有炸弹",这时要注意防控。

10张报牌后,搭档如何打、如何减少报牌者的手数;对手方如何打,又如何控制报牌者的手数?下面,我们根据报牌张数,逐一分析搭档如何配合和作为对手方如何防范。

1. 报 10 张牌

报10张牌后,可考虑以下两种情况:①搭档可送5张的牌型,三带对或杂花顺。因为10张牌有可能是5(三带对或杂花顺)+5(同花顺或五个头炸弹),如果能顺过5张(三带对或杂花顺),那么另外5张空弹沉底,可以轻松拿头游;②搭档也可以出一张单牌,看看对家是不是5(5张牌型牌)+4(炸弹)+1(单张),让其过张单,减少一手牌。

相反,对于报10张牌后,对手方防范要做到"10不出单""10张不出5张牌(三带对或杂花顺)",否则容易放走头游。同样也不可出单牌,尤其不能出小单牌。作为对手方要对着干,"10张出对",此时出对子或者三不带较好。

2. 报 9 张牌

报 9 张牌后，可以考虑以下两种情况。①搭档亦可送 5 张的牌型，三带对或杂花顺。因为 9 张牌

【实战第 79 例技巧分析】　此牌打 2。上家首发，出单 3，可立即拆 Q，等再顺过 Q（首发小单张说明单张比较多，有两张以上），组 89（红配）10JQ 梅花同花顺，大王立牌后可出 33355、AAA66 回手，能立牌时再出 44488（小对子太多，上手后不可出 333444）。

有可能是 5(三带对或杂花顺)＋4(四个头炸弹),如果能顺过 5 张(三带对或杂花顺),那么另外 4 张空弹沉底,亦可以轻松拿头游。②搭档也可出对子,因为 9 张牌也有可能是 5(同花顺或五个头炸弹)＋2(对子)＋2(对子)。

相反,对于报 9 张牌后,对手方防范"9 张不能出 5 张(三带对或杂花顺)",否则容易放走头游;同样也不宜出对子。作为对手方对着干,此时出三不带、三连对或三连三较好,"9 张出单",甚至也可以出单张,即使让他顺过一张单牌,他走头游的风险也不大,可以把他放在 8 张牌的情形下再做处置。

3. 报 8 张牌

报 8 张牌后,可以考虑以下两种情况。①搭档可送 3 张的牌型,即三不带。因为 8 张牌有可能是 5(同花顺或五个头炸弹)＋3(三不带),如果能顺过 3 张(三不带),那么另外 5 张空弹沉底,可以轻松拿头游。②搭档也可出对子或单张,因为 8 张牌也有可能是 5(同花顺或五个头炸弹)＋2(对子)＋1(单张),目的都是让对家过一手牌。

相反,对于报 8 张牌后,对手方防范要做到"8 张

【实战第 80 例技巧分析】 此牌打 5。首发。可组 45678 杂花顺、34（红配）567 梅花同花顺。先出 22244，回手 AAA99 后出杂花顺（解决了两张单牌的难题），顺过对 Q，两个空弹沉底。

不出三个头"，也不出对子或单张，否则都容易放走头游。作为对手方对着干，此时出杂花顺、三带对或三连对、三连三较好，真没办法也可以出大单张，即使让他顺过一张，他走头游的风险也还可控，可以把他放在 7 张牌的情形下再做处置。

4. 报 7 张牌

报 7 张牌后,搭档要考虑有可能是 4(炸弹)+2(对子)+1(单张)牌型,或者 5(炸弹)+1(单张)+1(单张)牌型。①搭档可优先送单张,本着"有王出单,无王出双"的原则也是如此。②当然,知道对子

【实战第 81 例技巧分析】 此牌打 A。首发,对手方抗贡。小单牌太多,要大胆拆弹。先出 45678,组 8910J(红配)Q 方片同花顺,等对手方出三带对,顺过 10101066、KKK88,再等过单张 9、Q、小王。

是通路,下家不好扛,对家又需要,此时也可以直接出对子。

相反,对于报 7 张牌后,对手方"7 张不出对",不要出对子或单张,否则都容易放走头游。作为对手方防范,此时出杂花顺、三带对或三连对、三连三较好,真没办法时也可以出大单张,即使让他顺过一张,他走头游的风险也还可控,可以把他放在 6 张牌的情形下再做处置。

5. 报 6 张牌

报 6 张牌后,考虑有可能是 4(炸弹)+2(对子)牌型,4(炸弹)+1(单张)+1(单张)牌型,或者 5(炸弹)+1(单张)牌型。①搭档可优先送单张。②当然,如果知道对家不吃单牌,那就出对子。③也可以出三连对、三连三,如果对家是此牌型,直接送走。

相反,对于报 6 张牌后,对手方"6 张不出单张和对子",不要出对子或单张,也不能出三连对、三连三,否则都容易放走头游。作为对手方防范,此时出三不带、杂花顺、三带对较好,"6 张出 5 张,一手跑不了"。真没办法时也可以出大单张,让对家接;或者,即使让他顺过一张,他走头游的风险也还可控,可以

【实战第 82 例技巧分析】 此牌打 A。下家首发三连对 223344,上两家都没有要,此时末家要拆牌上 556677,立牌后出对 2,再立牌后出单 6,红配组成四个 4。

把他放在 5 张牌的情形下再做处置。

6. 报 5 张牌

立牌后,出三连对或三连三 6 张牌报牌 5 张,或者是剩下 5 张牌时,搭档要考虑有可能是三带对、杂花顺牌型。①搭档可优先送三带对、杂花顺,合拍直接送走。②当然,如果知道对家是 4(炸弹)+1(单张)牌型,要单,那就送单张。

强调一下,如果手里是3(三个头)+1(红配)+1(单张,不是王),搭档送来三带对,能过就以三带对(红配与单张配成对)过,走头游,而不能机械、死板地认为自己是"炸弹(三个头组红配)+单张"而不过、不走。很多时候有这样可惜、遗憾的事——激

【实战第83例技巧分析】 此牌打Q。首发。小对子太多,此牌不能轻易出222333,而要首发22255。实战中三个K带对7回手立牌出单4、过小王,重组10JQ(红配)KA梅花同花顺,搭档送牌三个6带对,顺过三个8带对10,抢得头游。

烈、紧张的对抗环境下，打着、打着就给忘了。

相反，对于报5张牌后，作为对手方防范"5张不出单"，不能出单张，更不能出三带对、杂花顺，否则都容易放走头游。对手方此时出三不带、对子和6张牌型的牌比较好。真没办法，也可以出大单张，让对家接。

需要强调的一种情形是，如果对手方走了一家，己方二打一，可以通过出牌把信息透露足，让搭档懂你的牌型送你先走。比如，搭档是你的上家，你5张牌是三个头＋大单张＋大单张，你要出三不带，搭档知你是两个单张好给你送牌过，或者搭档是你的下家，你就出个单张，有可能既给搭档过张牌，搭档又正好给你送三个头。

7. 剩4张牌

剩下4张牌时，如果是炸弹，随时可以走，搭档就不用过多考虑送牌了。如果该走没走，就说明不是炸弹，此时搭档要考虑其是2(对子)＋2(对子)、2(对子)＋1(单张)＋1(单张)、3(三个头)＋1(单张)的牌型了。①如果知道对家有王或常主且可以立牌，那就送单张；②如果知道对子是通路，下家不好扛，对家又需要，此时就出对子；③如果知道对家手里还有三个头，就送三个头。

相反，对于剩下 4 张牌后，作为对手方防范要根据前面已经出的牌判断其不要单张还是不要对子，从而不要什么出什么，反着出，如果顺着出，让其过牌，容易放走头游。对手方此时出三带对、杂花顺和 6 张牌型的牌比较好。实在没牌出，也可以出大单

【实战第 84 例技巧分析】 此牌打 9。下家首发三连对 223344，上两家没有要，"末家负责制"此时要拆弹，组 667788 管控，立牌后出 44422、AAA33 回手，立牌后再出 777，最后过单牌等待时机。

张,让对家接。

掼蛋残局中,有"枪不打四"之说,这里的枪代指炸弹,说的是一家管住牌后剩下 4 张牌时,要么是炸弹随时可以走,要么不是炸弹一手也走不了,对手方不用开炸防范。其实,这也要具体情形具体分析:

(1)要根据吃贡、还牌情况,记着明牌在不在他手里了,如果明牌还在他手里,比如吃贡的王,他 4 张肯定就不是炸弹,你可以"枪打四",换牌型比如出 5 张抢头游。

(2)要根据前面行牌的情况,推理、判断他可能是什么牌,是炸弹,是 3(三个头)+1(单张),是 2(对子)+2(对子),是 2(对子)+1(单张)+1(单张),还是 1(单张)+1(单张)+1(单张)+1(单张)?从而决定"枪打四"还是"枪不打四"。

(3)如果对手方还有两个炸弹,也可以开炸防范一下。否则,他是 3(小三个头)+1(单张大王),你不开炸管住他,他出手小三个头,剩张大王(或大牌),而你还有两张小单牌,他抢得先游了。

【实战第 85 例技巧分析】 此牌打 8。首发。虽有 3 个炸弹,但有短板,无王、不整齐,中性牌。"两手小弱牌,不出划不来""两个小单张,不打不健康"。先出单 5,四个 2 灭王、立牌后出对 4 观望,有三连对来上 QQKKAA,有杂花顺来上 10JQKA,组 10JQK(红配)A 黑桃同花顺,耐心等待机会。

8. 剩 3 张牌

剩下 3 张牌时,搭档要考虑其是 3(三个头)、

2(对子)+1(单张),还是1+1+1(三张单牌)了。①如果知道对家有王或常主且可以立牌,那就送单张;②如果知道对子是通路,下家不好扛,对家又需要,此时就出对子;③如果知道对家手里还有三个头,就送三个头。

【实战第86例技巧分析】 此牌打2。下家首发445566,上两家都没要,此时拆牌上88991010(组910JQK红桃同花顺),立牌后出单3(准备抢头游),大王立牌后出555QQ,给对手方造成没有对子的错觉,一方面有可能不封管顺过KKK77;另一方面对手方上手后有可能出对子,从而轻松上对2。

相反，对于剩下3张牌，作为对手方防范要根据前面已经出的牌判断其不要单张还是不要对子，从而不要什么出什么，反着出，如果顺着出，让其过牌，容易放走头游，理论上不出三个头，万一他正是三个头，一手过，让你懊悔不已。对手方此时出三带对、杂花顺和6张牌型的牌比较好。实在没牌出，也可以出大单张，让对家接；若顺其过一张，那就按两张牌的残局来打。

有两种情形需要强调一下。第一种情形是，当你手里三张是2（对子，不是小死对）＋1（单张）且你出牌，而你的上家只剩一张牌了，此时要出单张留一对，你的搭档好送对子给你走，否则留单张你的上家容易先你而走。第二种情形是，当你的上家已走头游、你的搭档已成为你的上家时，你手里的三张牌是2（对子）＋1（单张），你可以出对子留一张，搭档好送你走。否则，你出单张留两张，你的搭档还要判断你是对子还是两张单张，假如判断错误还有可能带来损失。

9. 剩2张牌

剩下2张牌时，搭档要考虑其是对子还是两个单张。①如果知道对家有王或常主且可以立牌，那就送单张；②如果知道对子是通路，下家不好扛，对家又需要，此时就出对子。

需要指出的一种情形是，如果对手方已走了一个头游，你和搭档二打一，此时你剩两张单牌，你要注意出牌：当你的搭档是你的上家时，要先出大的牌（当然，另一张牌也不能是小死牌），既扛下家、对手

【实战第 87 例技巧分析】 此牌打 3。首发。有些人就先出 223344、再出 5566（红配）77，很可惜没用好红配。殊不知，此牌有抢头游的可能。先出黑桃 2，组 A23（红配）45 梅花同花顺，过小王、四个 K 开炸立牌后出 45678 杂花顺，给搭档明确信息要对子。

方,又等着已打通道的搭档送牌;而当你的搭档是你的下家时,要先出小的牌,既让搭档过牌,又留大牌更容易走掉,这样出牌科学、合理。

相反,对于剩下2张牌,作为对手方防范要根据前面已经出的牌判断其不要单张还是不要对子,从而不要什么出什么,反着出。理论上不出对子,万一他正是对子,一手就过了。对手方如果有非对子、非单张的其他牌型,此时都可以出。实在没牌出,也可以出大单张,让对家接;若其顺过一张,那就扛他下一张。如若知道他还有吃贡的王、常主没出来,肯定不是对子,你就放手打对子。

还有需要强调的一种情形是,根据已出牌的信息,报两张牌明知其是对子,作为上家的你要做好他的搭档送对子牌的防范准备。如果他的搭档或管或炸立牌,此时作为第二家的你一般不要动,而是交给自己的搭档,此时是末家来负责,谨防你这边先被对手方打成绿色通道。

更详细的道理是,你的搭档、末家有炸弹能管住自然管住,改变牌型,化解危机;如果你的搭档、末家没有炸弹、管不住,就让你的上家送出一对你再扛、再封、再炸,目的是消耗你上家的对子,因为都进入后半场了,说不准他只有这么一个对子,后面再立牌

【实战第 88 例技巧分析】 此牌打 6，首发。很多人先出 22233，回手 66688，搭档上手后再送三带对，没对子接不上了（对 A 太大）。此牌对子少，可先出 222，对手方封控后不要（不上三个 6），等待时机，对 A 立牌或搭档立牌送三带对，再上三个 9 带对、三个 6 带对，"先出三不带，后有三带对"。

想送都没有了。

10. 剩 1 张牌

剩下 1 张牌时，搭档要根据前面出牌的情况，来判断、分析、决定是送对家走还是自己抢头游。如果对家是很大的一张牌,或者下家扛不住,就坚决送对家先抢头游;如果对家可能走不了头游,根据"谁少先防谁"原则,对家已经吸引了对手方很多火力,并且固定了对手方的牌型,这时自己实力雄厚、牌型多变,就要雄起,一发而不可收,抢得头游。

相反,对于剩下一张牌后,作为对手方防范就是:有单牌过来,就用最大的单牌扛起,甚至开炸,然后改变牌型,送对子或其他非单张牌型给自己的伙伴走;或者自己有可能就自己抢头游。

当然,掼蛋残局牌还有很多情形,这里不可能包罗万象。只是坚持"谁少先防谁""牌要打上家"两大原则,结合记牌,随时应变打好残局。打残局还有一个原则是"一种牌型打到底、变换牌型就能走",打敌短板,中间不要换牌型,往往能够成功。比如敌我双方都剩一家,对手方是同花顺+两张单牌(4、5),你是三个对子(其中有对主)+单张3+王,一定要给对子打完再出3回王走掉,切记不要出了两对就出3回王,想留对主单、双不过,其结果只能是对手过4回炸弹走掉,真的给你留下了。

第十一讲
掼蛋，如何应变打好牌

掼蛋，要学会变化。能够千变万化，这是掼蛋的灵魂！掼蛋一把牌，不同搭档、不同对手、不同组牌、不同行牌，其打法和结果都不一样。真正的高手，要能够根据出牌的信息，灵活多变，随机应变，从容应对，把牌打得如行云流水、一气呵成。掼蛋人爱说"组牌是基础，出牌是信息，配合是纽带，炸点是关键，变化是灵魂，看你行不行"。

【实战第89例技巧分析】 此牌打6。首发。牌力一般，可先出对3示弱，对A立牌后出三个2，三个6立牌后出单7，留三个9带对8等着搭档送三带对，用红配组四个4炸弹，"先出三不带，后有三带对"。

很多初学者组牌后就不再变化了，不管你怎么出牌，"我自岿然不动"，对路牌就上，不对路就让，不再做调整、变化、应对，把牌打得僵硬、死板，这是很不对的，也很难打赢。这里，我讲一些打掼蛋变化的实例，与朋友们交流。

1. 任何时候不放弃，杂花顺要拆开管

永不放弃是掼蛋的精神，更是实用的技巧。你手里有个 4 你认为最小，完蛋了、放弃了，说不准你的对手方手里只有一个 3 呢，所以绝对要打到底，不要没打完就推牌认输。否则一看结果又要悔牌，对手方又不同意，就吵得嗷嗷叫。拆牌变化很多时候很有用。

比如，有一次，牌局是打 8，头游、二游已产生，敌我双方争夺三游，对手方选手残局剩 34567 杂花顺，我出单 6，剩 444，对手方选手认为肯定输了，居然没有要，自认下游。其实，他应该拆掉杂花顺用 7 管我，再从大往小出，血战到底，做最后的拼搏，从而打我下游。

还有一次，牌局是打 6，依然是敌我双方争夺三游，我方先手是单 A 带 5，对手方是 45678 杂花顺，我

【实战第 90 例技巧分析】 此牌打 7。首发。先出 23456，回手上 10JQKA 立牌（记住：上 910JQK 往往立不住牌），再出 34567。记住：有小四连对、上下有单张，原则上组两套杂花顺，"单牌越少越好"。

方出 A，对手方没管，结果我方再出 5 抢得三游。其实，对手方应迅速出主 6 管 A，再从大往小出，能获胜。事后问对手方选手为什么不拆牌，他说只想着是杂花顺 45678，牌路不对管不住，没想到里面还有一张主。这是很多初学者爱犯的错误，只记住牌型，不知道变化、应对！

2. 红配可以随时调，组成炸弹就行了

比如，有一牌局打3，我手里有黑桃4578加红桃3，能组成同花顺，手上还有红桃6和999JJ。此时，对手方出23456，搭档、上家都没要，我是末家，立即改用45678杂花顺去管牌，大了一手，再用红桃3配成9999，又是一个炸弹。

【实战第91例技巧分析】 此牌打2。首发。虽有两个红配，其实牌力较弱，单牌小且没有大王，红配与三个头组两个炸弹意义不大。可先出23456，回手10JQKA立牌出单3，两个红

配一起组10(红配)JQK(红配)A黑桃同花顺，耐心等待顺过J、K、小王和三带的机会。

掼蛋中，像这种有一定机动性的牌型经常会遇到，一定要及时调整管上一手牌，再用红配去组其他炸弹。记住，只要有利于管压对手方、对自己有利、不浪费红配，就要临时应变。红配能组成炸弹就行了，不要死板地认为一定要组成大炸弹、火箭弹才行。

3. 末家一定要负责，拆牌管牌也划算

还是常说的"二家不强拆，末家负责制"原则，当你是末家，拆牌也要管住对手方的牌，正如大家夸张时所说的"拆飞机卖零件"。当你手上有7788899或7778899的牌型(头大、尾大或腰粗)，遇到对方出小的三连对223344，你是末家，搭档和上家都没要，你要是炸弹不多，一定要用778899三连对管牌，不要怕留一单张下来。

甚至当你手上有77888899或77778899的牌型(其中有炸弹)，遇到对方出小的三连对223344，你是末家，搭档和上家都没要，你要是炸弹不多，也要用

778899三连对来管牌,这就是最高境界"拆弹管牌",拆掉一弹、带走两个对子,关键是管住牌了。

4. 不要组好就不动,杂顺连对随机变

比如,手上有8991010JJQQK,原是组8910JQ、910JQK两个杂花顺的,若遇到对手打三连对334455,你是末家,搭档和上家都没要,你要是炸弹不多,也可以用991010JJ管,留下两个单张8、K和一对Q。当然,你若是第二家,不建议如此拆牌,说不定你的搭档即末家恰恰有445566呢。如果你拆牌上,既把自己牌拆乱了,又把搭档牌挡住了,这样很不好,要相信一切都有可能。

而如果你是2334455667,组成的是23456和34567两个杂花顺,对方打小三连对223344时,你是末家,虽然搭档和上家都没要,你是否要拆顺变连对管牌,也要慎重考虑,因为拆管后你留下2、7两个小单张和一对6,都不易顺过。这要根据自己的牌力,如果拆管,那就是牺牲牌了,放弃争头游来改变牌型,全力支持搭档争头游了。

还有一种可及时调整的就是,杂花顺、同花顺大小调整,"增大杂花顺、降小同花顺"。比如,你手里

【实战第 92 例技巧分析】 此牌打 J。下家进贡大王、首发单 3(牌力强)。此牌过 A 后转过来上大王立牌，出 A2345，再出 34567，搭档送对子过对 7、对 8、对 K(此牌实力弱，红配组四个 7 抢头游可能性不大，加红配预留六个 10 来防下家的大同花顺)。

有梅花同花顺 10JQKA，还有杂花顺 9（梅花）10JQK，这时对手方若出了杂花顺 910JQK，你就要用杂花顺 10JQKA 去管压，而调整出梅花同花顺 910JQK，同花顺小一级，却顺走了一手牌，甚至能立住牌，或者要对手方消耗一个炸弹，这是很划算的事情,往往就能抢得头游。

【实战第93例技巧分析】 此牌打9。如此组牌,有两张小单牌,不好出手。可重组34567杂花顺、56789(红配)梅花同花顺,从而减少小单牌,实现了牌型多元化。

5. 五头炸弹用四张,五头炸弹拆成夯

当牌打到残局时,双方都是山穷水尽了,某些牌都是大的了,就要拆开用,而不是一次用尽给浪费了。

比如,当王、主都出完了,此时你有AAAAA,你

【实战第 94 例技巧分析】 此牌打 2。本着"单牌越少越好"原则,此牌组 23456(红配)梅花同花顺较好,有 999JJ,有对子强项,抢头游的可能性较大。

手里或其他人手里还有小单牌,若你必须开炸时,可考虑用四个 A 炸掉,而留下一张 A,掌控局面。

还有,AAAAA 也不一定非要当炸弹用,如对方出三带对的牌型,可以用 AAA 带一对管牌(三带对在民间也叫夯),剩下的 AA 也属大牌,留着可以继续战斗,往往会收到意想不到的效果。

6. 牌型拆单拆到底，你要敢拆我出对

拆分牌，是说有时残局在己方单张牌占优势的情况下，判断对手是整牌型时，把自己的成型牌尤其是对子拆成单张来打。

比如，对手有两对，一大一小 KK、44，而你有一张大单张 A、其他大于他小对的几对 55、77、99，你先手就拆对 5 出单 5，对手方如不拆牌管，就一张一张地出牌；对手方如拆牌 K 来应对，就立即出单 A 管住再变换出 77、99，最后出另一张单 5，这样把他拆剩下的牌单 K 牢牢控住，以取得己方的胜利。

7. 同花顺变杂花顺，引诱炸弹保对门

抓到好牌，牌力超强，残局时只剩两个差不多大的同花顺，又有发牌权，且其中有张红配牌，如果顺着打两个同花顺，明显是浪费。在可以确保头游的情况下，把其中一个同花顺变成杂花顺打出去，而留下 5 张，有可能引诱出对方的一个炸弹，从而减轻搭档的压力。

比如一牌打 10，报牌时你先手牌，有梅花同花顺

【实战第 95 例技巧分析】　此牌打 8。上家首发 22233，此时可上 44433 留 445566。立一手牌后即出三连对（因对子较多、较小又无三带，如此处理较好），有争头游的可能。

8910JQ，又有黑桃 789J，还有红配 10，初学者往往会先出 78910（红配）J 黑桃同花顺，对手方一看是空扔同花顺，手里肯定还有一个大同花顺，就会不管你了；此时你可以悄悄地把红配换到梅花同花顺里，形成 8910（红配）JQ 梅花同花顺，再组成杂花顺 78910J，先出杂花顺，手里留 5 张，对手方并不知情，本着"宁愿牺牲、不愿后悔"的原则，有炸弹可能就开炸了，而你依然可以轻松拿头游，却引下了对手方的炸弹,给你的搭档(对家)减轻了压力。

关于"红配巧挪移",还有一例。比如,一牌打10,你有梅花同花顺10JQKA,还有杂花顺10(红配)JQKA,此时杂花顺可管牌了,你可以组10(红配)JQKA梅花同花顺留手里,而出10(梅花)JQKA杂花顺管牌,这样做有两个好处:一是不出红配少给对手方暴露牌的信息,二是红配还有机动使用的可能。

第十二讲

掼蛋，你达到了第几段

我常把掼蛋技术水平分为三个阶段：第一阶段是"我们走在大路上（初级段）"，第二阶段是"千辛万苦在爬山（提高段）"，第三阶段是"站在山顶看风景（高级段）"。

第一阶段（初级段）："我们走在大路上"

第一阶段即初级段，多是初学者，意气风发，"我们走在大路上"——"我会打掼蛋了"！无所畏惧，无拘无束，想怎么打就怎么打，自打自的，没有搭档，没有对手方，不动脑、不思考，似乎走在平坦大道上、走在广阔平原上，不知道有坑、有雷，不知道防御、牺牲。牌力不强，你和他要说防守、控牌，他会振振有词地说"那我的小牌怎么办？"搞得你哭笑不得，不知道如何回答。

是啊，很多人都会问，小牌怎么办？

我的回答是，小牌有办法。牌力弱，小牌就放在手里！争取让你的下家给你们洗牌（按规定，若你的搭档夺得头游，你的下家就洗牌）！反正你没有牌力，你小牌先出掉，也肯定拿不到头游；还不如留在手里、配合搭档，让搭档先抢头游。

要知道，你牌力弱，小牌放在手里（不出、不给下家过牌)和放在桌上(出掉、给下家过牌),对你来说结果都一样,没什么区别,都是末游。但是,对于你的对手来说,那你就是不设障、不阻拦,给对手开绿灯、让头游!

初学者大都不配合搭档、不讲技巧,哪个牌小出哪个。若这样打,搭档可能也没有头游。为什么牌弱不轻易出小牌呢?其实道理很简单,只要明白了:出掉一两张小牌,或者留在手里这一两张小牌,结果都一样的话,还不如留下小牌,甘当下游,给搭档创造有利条件,让他抢头游。要知道,输掉牌后重新洗牌时,可没人追究你手里还有没有小牌!

你是输掉牌后手里尽是些大牌好呢?还是手里一堆小牌,而在你的牺牲和帮助下你的搭档赢了牌好呢?这结果昭然若揭,不用再探讨了吧?

处于第一阶段的人,也还有一些牌龄时间很长者。他们故步自封、固执己见、不思上进。虽也是爱好者,但不学习、不思考、不琢磨、不复牌。有牌就打,打呢还是打自己的老路子、老一套,小牌先出,管牌接龙(你出 2 我出 3,从不越级、跳跃),不进攻、不防守,既不吸引火力,也不防守死扛,甚至把炸弹死留在手里,"我炸弹出了就没有炸弹了"。结果都输了,手里还有炸弹,我常戏称之为"开炸弹博物馆的",即专门收藏、储存炸弹的。

说实话,我不太喜欢和这类"不求上进"的人一起打牌。若说你不是爱好者,三缺一时你捧个场、凑个数、支个桌腿,也无可厚非。但他偏又是"瘾君子"、爱好者,积极参与掼蛋,有时主动请战,有时组织牌局,却从不思考、不琢磨,尤其不虚心学习,偶尔现场教他两招,他还不接受,再打还是依然如故,却强调"各有各的打法",不提高自己的技战术水平。

是的,掼蛋千变万化,一把牌是有很多打法,但要相信"牌理是相通的",高手对牌的处理方法都是一致的!

第二阶段(提高段):"千辛万苦在爬山"

第二阶段即提高段,可谓"千辛万苦在爬山"。说的是,这群人已有些牌龄或聪明伶俐、悟性很高,掼蛋很快就能入手,他们已走过了第一阶段,知道思考、琢磨、虚心学习。他们最大的追求是,谋求更科学、合理的组牌和实战技术水平的提高。

他们知道,组牌原则是"单张越少越好、炸弹越多越好""单张越大越好、炸弹越强越好""牌型多元化(你出啥我都有)、单张最大化""宁多两张单、不拆两个弹""能要两个弹、不组同花顺""满手一个弹、尽量保留全"。

他们知道,行牌时如何出牌、回手,变牌、递牌、让牌、扛牌,示弱、诈强、牺牲、配合;也知道一般情况下"首发传信息,必须有回手(谁打谁收)""牌强首发单、牌弱出对子""先出三不带、后有三带对""三带顺子少、出对顺子多""二家可顺过、尽量不强拆""二家不开炸、末家负责制""不上搭档牌、上手送过来""接手搭档牌、有牌送回来""搭档送上牌、能走接过来""接手搭档牌、不是想走就是胡来""一种牌型打到底、就让对手干着急""出顺单张少、三带单张多""先出倒数第二张、打死不出最小牌",等等。以上这些是我总结的顺口溜,有看不懂或不太明白的,可联系我当面进行解读。

第三阶段(高级段):"站在山顶看风景"

第三阶段即高级段,掼蛋已是一种享受,是"站在山顶看风景"(其实,掼蛋第一阶段即初级段,也是享受、快乐,只不过是傻乐;第三阶段即高级段才是享受、真乐;掼蛋第二阶段即提高段,是个痛苦的过程,老想赢又经常赢不了,经常输得都不自信了)。

掼蛋三个阶段的区别是,高级段预变而变,提高段遇变则变,初级段往往看见变仍不变。什么意思呢?举个例子:高级段看到对手出对子,如果他有三个A,走单牌时若能过牌,他会出掉一个A,预留一对A等着;提高段若是末家,对手方的对子来了,他会拆掉三个A,上对A管牌;而初级段则会说,我没有对子呀,我只有三个A。

高级段组牌时会多方面考虑,兼顾全面,组出最科学、合理的牌型,不会浪费一丁点的牌力,尤其是充分利用好红配牌,发挥最大威力。绝不会像初级段那样,经常冷落红配牌,把它打回原形,当作普通的主用(这是初级段经常发生的事,打完了手里还有个红配牌,让红配牌本色演出)。看一个人如何用红配牌,往往就能看出他处于哪个段的水平。

高级段行牌(打牌)会行云流水,绝不会牌组好后固定不变,而会应对变牌变得让你眼花缭乱。经常让你不明白的是,你出什么牌他好像都有,都能管得住。特别让你不可思议的是,他经常有大的同花顺,在你闯关抢头游的关键时刻,他总能管得住你,让你抢不到头游。

高级段能精准把握住炸弹的炸点(什么时候该炸、什么时候不该炸),不要牌的时候上家出个小牌他都不要，该出手的时候上家出个小牌他都会开炸。

　　高级段掼蛋不露声色，不言不语，胸有成竹，运用自如，一气呵成，和他们打牌绝对是享受。有牌（牌力强）时绝对扩大战果，争取双上；没牌（牌力弱）时总会牺牲自己、助力搭档，不当末游，减小损失。

　　高级段掼蛋绝不指挥搭档，不越位、不抢牌，不抢先问牌、抽牌，不摇头晃脑、唉声叹气，不张牙舞爪、声嘶力竭，总是平静如水、宠辱不惊。

　　高级段也有低谷的时候，但不管他落后多少级，他都仍不声不响、咬牙渡关。一旦出现转机，往往一发而不可收，让对手不再有机会，从追赶、超过到赢局，往往打得你懵逼而无还手之力。

　　希望每个掼蛋爱好者都早日能"站在山顶看风景"，心旷神怡，孤独求败，充分享受掼蛋的真正乐趣！

第十三讲
深度解读掼蛋中的顺口溜

1. 情况不明，对子先行

解读：自己首发牌，并且牌力不强（弱），对手方或者对家的牌力、牌信息都不明了，就先出个小对子试试。另外，也有说"对子无大小"，都是同样道理。对子相对于其他牌型来说，一般不碍大局，不似单张、三带对或杂花顺那么敏感，对结果有着很重要、很直接的影响。这也是我一直提倡的首发牌"牌强出单张、牌弱出对子"，在实战中很受用。

2. 两手小弱牌，不出划不来

解读：牌力强或中性牌（对路、顺手了也可能抢头游），有两张小单牌，自己若首发或立牌后，必须出掉一张小单牌，否则太小你顺不掉，永远没有机会抢头游。出掉一张后，拼残局双方力竭，说不准立住一手牌，再出另一小单张，抢得头游。

需要说明的是，你牌力很弱，一点抢头游的希望都没有，那就不要出小单牌了，别说两张，三张你也不能出，出了容易引起搭档误会，结果他给你送牌，会造成己方更大的损失。

还要说明的是,"两手小弱牌,不出划不来"。有实力抢头游,两手小弱牌,不论你是三带对还是杂花顺,没有回手也要出。

3. 双贡出单张,头游一定当

解读:本是己方双贡牌,在单牌处于最大劣势的情况下,还不惧怕对手方单牌强,还敢于出单张,说明牌力很强,抢得头游的机会非常大,把单张出了以防上家扛牌,单牌顺过不了,"明知山有虎,偏向虎山行",所以"头游一定当"不成问题。这也和我总结的"牌强出单张"是相通的。

4. 贴皮打,不吃亏

解读:对手方出四个 5 管己方牌,你用 6666 打他,这样大一级、贴着头皮管住很划算,牌力没有过多浪费,叫"不吃亏"。如果他用四个 5 炸,你用顶天同花顺去管,越级太多,牌力相差太大,自己牌力吃亏,不到万不得已一般不要这样去管。因为从全程来说,敌我双方的牌力大多是均衡、相当的,你前面用力过猛,后面可能会因无力抗击而落败。

炸弹如此，其他牌型也如此，管牌尽量贴皮管。不要上家出一张小单张，你就上个大王管，同样是越级太多，自己吃亏。上家出一张小单张，你没有牌顺过，可以第一时间拆掉对10以上的对子管上一张，转回来再上大王。这样打越级不大，一个对子可能顺过了，减少了一手牌。

5. 要想怪，三不带

解读：出三不带，一般是搅局牌，不让对手方带出小对子。出三不带牌，一般牌力是中性，想打乱对手方的组配阵脚，而乱中取胜。三不带是把双刃剑，目的是伤害对手方，有时也波及搭档，搭档正有小对子需要带，搞得他无所适从。

出三不带有时是对子少甚至没对子；有时是对子较大，不带是不想给对手方带出小对子。实战中我总结了一条经验："先出三不带，后有三带对。"作为搭档要想送牌，一定要记住这一点。

6. 有王打一张，无王打一夯（三带对）

解读：有王，单牌是强项，这时就可出一单张，用王回手;没有王,单牌是弱项,就要避其锋芒,出三带对(民间也叫夯)。

其实,无王牌也可打杂花顺,既然单牌不是强项,就尽量减少单牌,把单牌串成珍珠项链,组一个杂花顺一下子出掉。

【实战第96例技巧分析】 此牌打2。很多人喜欢组10JQKA方片同花顺。实战中,下家首发A2345,上两家都没有要,此时上23456,下家上34567,上两家又都没有要,此时要上10JQKA,立牌后出9过A,上家大王立牌后出23456,此时过45678,再过对8上对2,组910JQK(红配)黑桃同花顺立牌抢头游。

当然,如果单牌较大,有王也可以不出单,出其他弱牌,逼着对手方出单牌,而自己过大单牌,再用王立牌,抢头游。

7. 顺子打到头,对手没想头

解读:"顺子打到头,对手没想头"说的是组顺子时"组大不组小",能到 A 时尽量组到 A,即 10JQKA,这样对手方只有开炸才能管住牌。这样的现象经常有:对手方出个 34567,你是末家有 910JQKA,很多人都出 910JQK 而留下单张 A 想着好顺过,有种侥幸心理,到 K 已经很大了,殊不知对手方正有 10JQKA 等着呢。特别是同花顺冲刺抢头游时,910JQK 经常会被 10JQKA 管压,因此遇到 910JQKA 末家管牌时,尽量出 10JQKA。

8. 九张出一张,十张出一双

解读:10 张报牌,进入残局。残局中要控制对手方牌的手数,尽量不让其形成一手牌或两手牌(一手牌他如果是炸弹就失控,己方只能丢了头游。若是两手牌,抢走比炸弹大小他也可能抢头游;或对手双方做个配合,再送一手牌,又会形成一个空弹沉底)。

所以,对手方他要是9张牌就出一单张,他即使顺过一张还有8张,有可能还是三手牌,绝不会是一手牌;对手方他要是10张牌,就出一对子,他即使顺过一对子,也还有8张,有可能还是三手牌,绝不会是一手牌。

9. 七张八张,正常出夯(三带对)

解读:当对手方还有7张或8张牌的时候,你可以放心大胆地出三带对,因为他如果有炸弹,肯定管不住你这牌型;如果没有炸弹、能管住这牌型,你可以用炸弹管他,再比拼其他的牌,这手牌他肯定走不了,也不会形成空弹沉底。

当然,你此时出杂花顺、三连对、三连三也可以,道理是和出三带对一样:不会形成空弹沉底。

10. 逢五出对子,逢六出三张

解读:当对手方还有5张牌的时候,你可以放心大胆地出对子,因为他如果有炸弹(4+1),肯定管不住你对子;如果没有炸弹、能管住这对子,你可以用炸弹管他,再比拼其他的牌,这手牌他肯定走不了,也不会形成空弹沉底。

当对手方还有 6 张牌的时候,你可以放心大胆地出三个头,因为他如果有炸弹,肯定管不住你三个头;如果没有炸弹、能管住这三个头,你可以用炸弹管他,再比拼其他的牌,这手牌他肯定走不了,也不会形成空弹沉底。当然,你此时出杂花顺、三带对也可以,道理是和出三个头一样的:不会形成空弹沉底。

11. 打五不打四,打七不打八

解读:当对手方有人还有 5 张牌时,原则上要管牌、开炸,以免他下一手牌一下走掉了;当他还有 4 张牌时,一般不炸,也就是常说的"枪不打四",解读详见下一条。当对手方有人还有 7 张牌时,原则上要管牌、开炸,因为再让他出一手,他有可能空弹沉底;当对手方有人还有 8 张牌时,原则上可以不炸,理论上他还有 3 手牌,让他再出一手,也还有两手牌,还来得及管控、处理。

12. 枪不打四

解读：当一方剩下 4 张牌时，如果是炸弹（枪）一手牌，随时可以走，拦也拦不住；如果不是炸弹，一手牌他也走不掉，一般也不用拦了，这时对手方往往选择不炸、不管，这就是所说的"枪不打四"。

其实，这也要具体情形具体分析。①要根据吃贡、还牌情况，记着明牌在不在他手里了，如果明牌还在手里，比如吃贡的王，他 4 张肯定就不是炸弹，你可以"枪打四"，换牌型比如出 5 张抢头游。②要根据前面行牌的情况，推理、判断他可能是什么牌，是炸弹？是 3（三个头）+1（单张）？是 2（对子）+2（对子）？是 2（对子）+1（单张）+1（单张）？是 1（单张）+1（单张）+1（单张）+1（单张）？从而决定"枪打四"，还是"枪不打四"。③如果对手方还有两个炸弹，也可以开炸防范一下。否则，他是 3（小三个头）+1（单张大王），你不开炸管住他，他出手小三个头，剩一张大王（或大牌），而你还有两张小单牌，他必然抢得头游了。

第十四讲
深度解读"牌强打下家，牌弱打上家"

掼蛋乐

一场酒牌风雨过，
四时茶弈暖寒知。
与君相掼甚欢事，
携手同游八万里。

　　掼蛋爱好者都是经常爱边打边说"牌强打下家，牌弱打上家"口诀。正常行牌，都是"牌强打下家"的，因为他离你远，不但要过你的搭档，还要过你的上家即你的对手方，因此你要想轻松顺过牌，较为艰难。只能选择"牌强打下家"，若能立住牌，自己能发牌，发自己想发的牌，才能尽力争头游。
　　这里深度解读一下。"牌强打下家"应当具备几个条件：①是自己的牌型，可管得住；②自己牌力强要争头游，于是开炸；③下家有争头游的意向，可能比你对家或你自己走得快，所以要管控；④自己处于守门地位，"末家负责制"，或拆或炸，都不让下家出第三手牌！
　　当然，如果你的搭档牌力更强，他想抢头游，你的下家正是你搭档的上家、搭档又想过牌，那就不符合上述条件了。这时,你可以让你的下家出牌、让你的搭档顺过。切记:若你的搭档有可能拿头游时,你千万不要打你的下家,以免影响、耽误你的搭档争头游!一般不要和你的搭档抢头游!

那么,什么是"牌弱打上家"呢?我们曾讲过,抓完一把牌,分析好牌力进行定位,如果牌力弱,就要抱定自己牺牲当末游,作为第二家,就要猛打上家,这样,一是可以吸引对手方的火力给搭档减压;二是如果打上家可以立牌,就可以调整牌型,尽力、尽快给搭档送去对胃口的牌。要记住,搭档想要的,就是你全力要送的。

为什么"牌弱不打下家"呢?因为你没有实力、估计抢不了头游,那就看看你的搭档有没有机会抢头游。还是那个道理,你不打你下家,你下家出牌正好让你的搭档顺过牌,又顺又送,从而让你的搭档有可能抢头游。

不妨再深度解读一下:①假若你是弱牌,你搭档是强牌的概率就大,他如果报10张牌,那么走头游的概率就高!②因为你不打你下家,你下家出牌正好让你的搭档有可能顺过牌,从而减少他牌的手数,让你的搭档抢头游;③假若你牌力中性、不是强牌,抢头游有可能但没有把握,若打下家你再出小牌,其实是你在帮下家的忙、给对手送礼,从而自废牌力,却增强了对手方下家的牌力,将自己陷于末游之中。此招不能使!

顺便再说几句牌理。当你的牌力强、占据绝对的优势时,应向对手方示弱,吸引炸弹,引君入瓮,反手制人;当你的牌力中性、只有一定的优势时,则要

【实战第97例技巧分析】 此牌打2。下家首发三连对,上两家都有顺牌,此时上JJQQKK(留下梅花J)立牌,出单3回过A和小王,上家上大王出A2345,顺过23456,静等搭档出三带对或三不带,组10JQ(红配)K(红配)A梅花同花顺。

放长线钓大鱼，静观其变，把握时机，一举获胜；而当你的牌力弱、没有任何优势时，有机会就出头，给对手制造障碍、给搭档做好配合。当然，若搭档抢得头游后也不轻言放弃，还要继续抢游，扩大战果。

再说几句牌技、牌品与人品关系的话。相对于牌技而言，一个掼手的牌技，随着掼蛋的时间的延长、次数的增加，是完全可以提升的，而牌品、风格却很难改变。牌品、风格的形成，大多数是由掼手的个人素养、性格特征决定的，除非他自我意识到后刻意对其个人素养和性格特征进行调整、改变与提高。

所以说，通过掼蛋平台的合作与对抗、结交的新朋与老友、表现的文明与礼貌，从中可以发现自身弱点，弥补性格缺陷，逆向探讨，不断完善自我，进而改变、弥补自我的性格缺陷，修炼、修正自己，从而在生活圈子、社会交往以至于自己所从事的职业、行业中，提升自己的素养与品质，带来自我个性大调整，会让自己在生活、事业上更上一层楼！

第十五讲
深度解读"牌强首发单,示弱出对子"

我曾提出"牌强首发单,示弱出对子",就是首发牌时,如果牌力强,就先出小单张;如果牌力弱,就出小对子,得到很多掼蛋爱好者的认可,并且在实战中都是如此运用。对于对家"牌强首发单,示弱出对子",搭档如何配合,这里再做些分析、解读。

(1)当一家单独贡牌或与搭档同时贡牌时,首发还出小单张,敢打对手方强项(明知山有虎,偏向虎山行),这是表明牌力强、有争头游的意向(甚至一个人就能抢头游)。要争头游,必须把小单张出了,尤其是有两张小单(若有大炸弹,一张小单留着问题不大),也是常常所说的"两张小单张、不出不健康"。

搭档配合策略:如果对家定位于强牌,则要以对家为主,自己一定要定位于助攻,帮对家拿下头游是首要目标!让对家尽量顺牌、过牌,自己也可先出头打对手方,消耗对手方实力,保存对家实力,同时要关注对家的出牌顺序、牌型、张数和大小。如果自己也是中上等牌力,一定要争取打对手方双下。

(2)当一家单独贡牌或与搭档同时贡牌时,首发出小对子,这是示弱,表明牌力弱、没有争头游的可能。

搭档配合策略:如果对家定位于弱牌,则要以自己为主,根据自己的牌力来考虑是拿下头游,还是尽量止损、不让对手方给己方双下？自己也可以先不行动,让对家冲锋陷阵、吸引火力,消耗对手方实力,保存自己实力,静观其变,该出手时才出手,往往能收到意想不到的结果。

(3)对家首发小单张,或通过越级上牌、管压搭档立牌,表明其是强牌,不管其继续出单还是出对子、三带对或者小杂花顺,搭档原则上都不要顺牌、抬牌,要保留同类型牌时刻准备给对家送过去！特别是在对手方封牌或用炸弹阻断时,搭档应在打压对手方立牌后,继续打通该类型牌通道,直到该类型牌出完。

(4)不强、不弱牌即中性牌,首发一般既不出单张也不出对子,而是出其他类型牌,如三带对或者杂花顺(不管是三带对还是杂花顺,原则上要有 10 以上的回手牌),这是向搭档表示,自己牌力一般(中性)、非强牌,不可能自己强争头游,只能双方合作,顺势而为,才有可能争头游；退一步讲,最起码可减少损失！

如果对子少或者对子大,也可以出三不带,原则上有回手。但一般不建议首发三不带,因为三不带一般是搅局牌,也是把双刃剑,虽是打乱对手方牌型的,但很多时候也会伤到搭档,给搭档造成麻烦。另外,"先出三不带,后有三带对",先出三不带,后面还有三带对的可能性非常大。

（5）还有三连对（木板）、三连三（钢板），要是在5以上,牌力强可以首发,破坏对手方牌型,吸引他们的炸弹;牌力弱,原则上不首发。这种牌型成牌概率小,我常把这种两种牌叫"难管牌"。换个角度讲,虽然成牌概率小,但有时对手方也还是有的,因此要先留着。牌型多元化,等着管牌吧。

顺便再说几句关于掼蛋发展的新变化。

掼蛋或是"娱乐圈"里创新驱动最强的牌类游戏,起初一步一脚印,一、二、三级往上升;后来有一三五、二四六快速升级法;现在传到安徽又有变化了,加"拖",首牌拖3、其后拖2（最后出）,实力强悍者可一次升级到A,算是2.0版本吧;再后来,局部区域自我加压到3.0版本,干脆废除赢者吃贡的"陋习",输家不用进贡,赢家首先出牌;其他还有民间发明,比如,北京有朋友提出同花顺比长短、更长更大,同门三连对算炸弹、可打六个头;还有朋友提出八个头炸弹可打四个王,因为四个头炸弹可炸单王、对王,等等。

只是我一直不太赞同这些个性化新打法,我总认为,没有规矩不成方圆,要想把掼蛋铺得开、传得广,都能一起玩得来,还是要有共性和普世性,要有统一的标准与原则来保证其不乱,要以《国家掼蛋竞赛规则》为共同准则,全民开掼!

附 安徽掼蛋拖牌规则

(1)第一把打 2 拖 3,红桃 3 翻倍、一张算拖两张,第一手不准出 3(凡带有 3 的牌型都不允许出)。

(2)其后每一把拖 2,第一手不准出 2(凡带有 2 的牌型都不允许出)。

(3)最后一手出牌只有拖牌 2(或第一把拖牌 3,以后同)才算拖,如 2、22、222、2222 等,2 在其他牌型中一块儿出的不算拖。

(4)头游可以拖;头游是己家,则二游也算拖;输方不算拖。

(5)头游最后一手打出拖牌 2,则对家直接接风,叫"硬接风"。

(6)如对手的拖牌 2 被闷在手里没出去,算己方额外赢的拖牌,若在台上就直接加级,若不在台上就记级。

(7)每成功拖一张 2 或者闷对方一张 2,算多赢 1 级(每成功拖一张红桃 2 或者闷对方一张红桃 2,算

2级)。

另外,还有硬拖说、软拖说。所谓软拖,是指第一手牌后,别人再出牌你管牌时,牌型中可以夹带2(拖3时可夹带3);所谓硬拖,就是任何时候你都不能顺出拖牌2(或3),必须自己立牌后自己发出,独立发拖牌,或者夹带在其他牌型中。

第十六讲
18条，对掼蛋行牌技巧再解读

掼蛋行牌，亦叫出牌。出牌很有学问：开牌首发出什么，立牌以后出什么，什么时候该开炸（最好炸点），什么时候该封堵，什么时候该让牌，残局该留什么牌，都有很多讲究。处理得好，牌力效果最大化；处理得不好，一手好牌打得稀烂。

我曾经讲过掼蛋组牌与行牌的十大技巧。后来，又和一些朋友做了些探讨，这里再次详细解读一些牌的信息和行牌（出牌）技巧。

（1）首发或立牌后再发小牌，一般为强势牌（主打除外）。强势牌出掉小牌，为抢得头游扫除障碍。当然，打A时为一、三游胜局，即使牌力一般，有时也要出掉小牌，为自己夺得三游奠定基础。

（2）当打出大、中、小三带对之后，一般没有顺子，且有些单牌。如果出了三个三带对或三不带，有红配的概率比较小。没有能够配炸弹的红配，才出的三带对或三不带。

（3）顺子多时，一般对子也较多，三带对或三不带就较少。搭档要是想传递牌，一定要记住可能有的牌型，送对子或顺子都是送牌，不要僵硬地一定非要送顺子，这时一般不能出三带对或三不带。

（4）首发小对子一般是示弱。首发小对子回手，或立牌后再打对子，就表明对子多且有大对子，炸弹也还可以,想争头游。此时搭档可管控对手方而再送对子。

(5)打完整型牌后,一般会剩些零碎牌,这些牌需要顺走,必要时得自己开炸立牌自己出,方能争取头游。

(6)强势牌的残局牌一般也是整牌,可以凭借所报的张数来判断其牌型。比如报9张,上家切记,不能出三带对或杂花顺,要根据前面已出牌的信息来定牌型,最好是出一张,可控。

(7)强势牌行牌后,残局牌一般也多为大牌。当然,在前面行牌的过程中,一定要看出来是不是诈强。若是诈强牌,就是自己牺牲牌,残局牌都是些小碎牌,力保搭档,甘当末游。

(8)冲击头游后哪怕没成功,所留下的残局牌,若前期行牌是特强势,往往残局牌也整、也强;若前期行牌弱势或顺走的,往往残局牌也散、弱。

(9)行牌过程中注意记住小牌的出牌情况,比如,根据2出来的结果,来判断有没有小套牌,12345、223344、22255等,从而自己留好管控牌。

(10)观察5、10等关键点位牌,以预测顺子的有和无、大和小。比如10出来完了,你的56789一般就是大的。

（11）炸弹是用来炸的，不是用来收藏的，该出手时就出手，不要总是把炸弹留到最后用。尤其是末家，管不住就要开炸，不要等到对手方牌都走完了，你还留有炸弹牌，令人叹息！

（12）打牌时要尽量记住一些大牌打出了几张，像大小王、主牌等，特别是大小王，通过一轮打单，就要大体推测出剩余的强牌大概在谁的手里。记住红配有没有出来也非常重要。

（13）打牌过程中，要时刻记住你的搭档及你的对手方要什么牌、不要什么牌（比如单张、对子、三带、顺子等），要出你搭档想要的牌，要出你对手方不想要的牌。若你搭档出杂花顺，你立牌后没有杂花顺送，送对子也是同理的，因为"出顺对子多"。

（14）如果你的牌力很差，也就是常说的牌很烂，无法争头游，这时候一定要想办法帮搭档争头游。要出搭档想要的牌；如果你有炸弹，找最好的炸点开炸把搭档送走；还要顶上家、卡下家，不让你的上家连续出牌，也不让你的下家舒服顺过牌。

（15）如果对手方其中一个牌力很强，打得很顺，可以考虑让这个对手方先走，然后和搭档合力来把另一个对手方打成下游，这就是经济学上所说的"尽量止损"。特别是对手方打 A 时，己方牌力不够争头游时,就要考虑"放过一家、抓住一个",让其"一、四游"过不了 A 拿不下这一局,否则就输掉这一局了。先扛住,再等下一个机会。

(16)当自己的牌比较好的时候,就要尽量将对手方的大牌引出来,替自己的搭档减轻负担。例如:打 2,你手上剩有 99999、同花顺 10JQKA、88、22 这样的牌,一般的玩家可能是先打 88,再吃 22,最后剩下两个炸弹,对手方见你强大,肯定不会上牌管你或用炸弹来炸你,他们会保存实力联合起来对付你的搭档,这样就算你走第一了,你搭档的压力陡然增加。可先出 22 再拆 8,去吸引对手方的对王或炸弹,从而减轻搭档的负担。

(17)当自己牌力不强的时候,就不应该打保守牌。当你的搭档管控不了对手方牌的时候,你应该有牺牲精神,猛管猛炸、猛打猛冲,不要怕把自己的牌打散、打烂、打乱、留小。有人经常说"我没有单张牌",殊不知全手牌都是由单张牌组成的。根据整体出牌的需要,自己什么牌都可以拆,反正你也走不了,连牌拆掉打,甚至炸弹拆掉给搭档送三带对都可以。"助力搭档,牺牲自己",赢在齐心协力。哪怕升一级,赢,也是你们方赢!

(18)当自己牌力不强的时候,还有一种打法,就是前面出的牌一律不要,不顺过、不管牌,静静观察,等其他三家牌的信息都表明后,再开始行动,重新组牌,给搭档"投怀送抱",与对手方背道而驰,从而助力搭档争头游,自己心甘情愿得个末游,也很值!

第十七讲
掼蛋，要练好三个基本功

承蒙抬爱，最近有不少朋友慕名约请我掼蛋，结交了不少高手，宏观上大家打得都很好，勇猛精进，意气风发，争抢头游。但是在一些细节上还要注意，还有提升空间。我发现，很多人即使有很长的牌龄，也还是完全跟着自己手里的牌走，没有整体定位和基本理论，或者说还有一些基本功没有完全掌握。这里，我根据最近朋友们所突出表现的问题、常犯的错误，再次做一下强调：掼蛋，心中要始终有三个思考并要修炼好这三个基本功。

【实战第98例技巧分析】 此牌打A。抓好此牌后，心中要有规划，三连对、杂花顺、三个K（红配）带对、六个10（炸弹组大），"牌型多元

化,出啥都管它"。下家出23456杂花顺,上两家都没要,上56789杂花顺立牌出单2,顺过单J,大王回手出334455,三带对出来后上三个K(红配)带对7管它,等顺过大王后抢得头游。

第一个基本功,心中要始终有"对手对着干,搭档搭伙赢"的理念。

前半句说的是,对手方的两位掼友都是你要"对着干"的敌家,他们要什么牌你就不出什么牌,他们不要什么牌你偏出什么牌,扬长避短,打敌短板,阻拦他们前进的方向,打乱他们进攻的节奏,他们出单,你要出对,他们出对,你要出三不带,一般情况下不能和他们出同样的牌型,否则,你就是和对手方三个人一起打你的搭档一个人了;后半句说的是要配合,协助搭档抢头游,更不要和搭档抢头游,你和搭档是一伙、是团队,己方其中有一个人抢头游了,就是自己方胜利,就是你们俩都赢了!

如果你的牌型和你的对手方一致,①要及时调整组牌,留好管控牌,调出别样牌,以便送搭档;②即使不能和对手方"对着干",那就"不干",也不能和对手方"顺着干"。"不干",自己尽量不动,配合搭档抢得头游后,才和对手方抢二游、打双上。而不要自顾自、只根据自己的牌着急出，客观上为对手顺牌开通道。

最近遇到一位牌友和我搭档，我的上家首发小单张，他作为末家不当门板来扛牌不说，顺过后还拆掉四个王管牌，继续发小单张，结果他的下家（我的上家）过了四张单牌，最后手里全是大牌和炸弹抢得了头游，而搭档的打法完全妨碍了我抢头游，这完全不是与对手"对着干"，而是顺着练！几把牌都是如此，我和他说了一下。他说，"我这些小单张不处理掉，我就不用打了，等着当末游。"

说的似乎也有道理，其实一点道理都没有。这就是理念上的错误！殊不知，打掼蛋当末游无所谓，搭档间要搭伙，第一要务是齐心协力抢头游，"搭档搭伙赢"！抢得头游才是赢，其他都是输——只是输多输少的问题。千万记住：打掼蛋不是"保证不末游"，而是"争取抢头游"。

一直以来总是有人不停地问我"我的小单张不出怎么办？"以前我也回答过，有些时候都懒得回答了——你有没有根据牌力定位过，能不能抢头游？抢不了头游你小单张就在手里握着怎么啦！又不是跑得快、数张子，少一张牌少输一级。又走不了，出小单张给对手方顺牌，给搭档放水，这样打会气死搭档的。

还有人说，我没办法，我手里全是对手方的牌型。果真如此，你又不想重组，那你干脆把牌合上不动、不参与了，等搭档拼抢结束后你再和对手方比拼他们同样牌型，也比你始终参与，给对手方喂牌好。给对手方送牌，完全相当于给搭档使绊子。

第二个基本功，心中要始终提醒自己"二家不死磕，死磕不想活"。

上家一落牌，你就是第二家。"掼蛋，如何打好第二家"，对此我曾专门写过文章，但最近接触一批牌友发现，很多人作为第二家时都是太负责任，死扛、死封、死炸。因此，这里我再形象地换一种说法，叫"二家不死磕，死磕不想活"。前半句的意思是，作为第二家，不和上家死磕。所谓不死磕，第二家要时刻记住三句话：不强拆、不强封、不用炸！明白了你会照此做，不明白你也要照此做（可找我的文章《掼蛋，如何打好第二家》看看，有详细解释），只会受益，不会吃亏。

后半句话的意思是，作为下家（第二家），如果和上家死磕，就是寻"死"求末游的节奏。从某种意义上说，上家是你的好邻居，他出牌你可以顺带过牌。当然，如果是高手打牌也是如此，那就是牌弱，故意诈强，和上家猛打猛冲，吸引对手方火力，给搭档减小压力，让搭档抢得头游。

我一直提倡"二家不多事，末家负责制"，可能力度不大或不太形象，实战中很多人还是没有掌握。我这里换个狠点的说法就是"二家不死磕，死磕不想活"。最近很多人问我："我顺牌，我下家不是跟着也顺牌了吗？"是的，你的下家顺牌了，可是你的搭档会防御的。你的搭档可以拆牌、封顶、炸弹。当然，如果是你的上家给你下家送牌的，那就另当别论了。我经常讲，一种牌型要溯源。

还有很多人问我，作为第二家要顺过，不硬拆、不死封（留着小的不上）、不扔炸弹，万一搭档要不了怎么办？其实，末家要不了也没什么，说明他的牌弱，只要不是残局，就再给上家一次机会，重新来过，你要是有牌，也来得及管控。如果搭档牌弱、没牌，你死磕一把、两把也没用。

我再次强调，第二家要相信搭档，不能太负责。如果第二家太负责，严防死守，完全防御，过多、过大消耗自己的实力，又如何去进攻、抢得头游呢？第二家太负责，可是你能负责到底吗（当然，牌力强，你能负责到底，抢得头游，也无可厚非。可实战中很多第二家打着、打着疲软了，说我不行了，就不管了）？

第二家太负责,过分甚至无谓地消耗自己的牌力,不利于整体战局不说,有时还阻拦了搭档的顺管。也就是说本来搭档(末家)可以管住了,你第二家却抬手用炸弹给炸了,白白浪费了炸弹不说,还阻碍了搭档过牌抢头游的步骤和节奏。

最近遇到第二家太负责的牌友太多了!请一定要记住,无论是三连对、三连三,还是杂花顺,哪怕是

【实战第99例技巧分析】 此牌打 A。下家首发出 223344,上两家都没有要,此时上 334455 立牌后,可出掉 222。对手方出杂花顺上 56789,搭档送三带对上三个 10 带对 Q,组 789(红配)10J 黑桃同花顺。

910JQK，末家都有可能管牌，而不要太负责，总怕末家（搭档）管不住！此时要相信末家，相信末家管得住！

第三个基本功，心中要始终记住牌型"出对有顺子，出单三带多"。

我原创推出的首家首发牌传递牌力信息的打法"示弱出对子，牌强出单张"，现在已在圈子里普遍使用。那么其后又怎么打？很多人都问我。其实，我也说过，延伸这两句话，就是"出对有顺子，出单三带多"。每个人立牌后，首发什么牌，搭档这一把牌过程中始终就要记住了，当你喂不了同类型的牌后，你就要渡相关联的牌型。也就是说，当你的搭档出对子后，你出不了对子，你可送一个小顺子试试。同样，作为对手方也要始终明白，"对手对着干"，不能出对子也不能出顺子，最好出单张或三带对或三不带。一把牌在其他信息不明的情况下，双方选手都要按此原则行牌，问题不大。同样倒过来，就是"出顺有对子，三带单张多"。第一次立牌后出顺子，搭档就要记住，没有顺子，就可以递对子试试；对手方就要少出对子惹事，可出单张，也可出三带对或三不带。

最近遇到很多人，打牌过程中不知道搭档或对手方牌的信息,不知道出什么、不出什么,只管打自己的,可是没有搭档配合的牌,是很难打赢的。很多人在实战中开始还记得敌友双方的牌型,可打着打着就忘了,就胡乱出,结果搭档要的牌型他搞不清,或者不知道相关联牌型,出的完全是"亲者痛、仇者快"牌型,搭档要对子他不出,他出三带对给对手方,真是气死人不偿命!所以这第三个基本功就是,一把牌的整个过程中,要始终记住敌我双方的总体牌型,"出对有顺子,出单三带多"。

总结几句顺口溜,再强调一下,希望大家一定记住:"管住对手单发牌,一定送出对子来;管住对手对子牌,一定发出单张来。""管住对手单发牌,一定不出三带来;管住对手对子牌,一定不出顺子来。"

练好三个基本功,天天掼蛋都轻松,赢遍天下一阵风,何等快活哉!

第十八讲
掼蛋,既要快乐更要牌品与人品

前不久，在我的"入我法眼大满掼"掼蛋群里，发起了一场讨论，就是线上掼蛋能不能骂人。事情的起因是，本群有两个人在另外一个群里线上掼蛋，其中一个人因为不满搭档把A2345的杂花顺拆成单张出，从而造成下游，于是破口大骂，骂爹骂娘。另外一个人虽是对手方，却也看不惯，便指责其掼蛋骂人的错误，而骂人者却说我不是胡乱骂的，双方一时间又争执起来。虽然他们是在另一个群里约掼的，却跑到我的群里争论起来，我没有作声、表态。

其后，群里的朋友便私信给我，让我写篇文章，讲讲掼蛋人要控制住情绪，不能骂人，要有牌品和人品。

无独有偶。前几天，有一场掼蛋牌局，我约了一位朋友来聚，他说要带一个人来——而那人我并不认识，我也没拒绝。一吃一喝，饭后掼蛋，他却发起疯来：指责搭档打得不对，牌牌吵架，越序（越位）出牌，接着又不按规定10张报牌。我说这牌没法打了。他居然扔牌、掀桌子，更严重的是，把椅子高高地举起来摔在了地上。一把结实的好椅子，生生地让他摔断了背——这不是掼蛋，这是掼椅子！表现出穷凶极恶的样子，很让人害怕。

其实，掼蛋朋友如何相交，两千多年前孔老夫子就说过,要做到"躬自厚而薄责于人",说的是做一个合格的人,就要对自己严格自律甚至苛求,对别人少责备、不说人、多宽容。而对于掼蛋技术水平,老夫子也说过"见贤思齐焉,见不贤而内自省也"。即看到打得好的,要向他学习;看到打得不好的,要思考他哪里不好,自己是不是也会犯同样的错误。这才是大将风度,这才能不断提升。

而关于掼蛋情绪,我想多说几句。掼蛋是一个很有魅力的中国扑克游戏,这几年在江苏、安徽、北京一些地方风靡一时,上下通吃,老少咸宜。很多人都想玩,玩者都想赢,正是由于掼蛋本身的对与错、输与赢有很大变数,所以人们又爱它又恨它,这很能调动玩牌者的情绪。

人们常说,牌品如人品。品是什么?品是品质与道德。真正有"品"的人,不论环境如何恶化,都能控制住自己的情绪。每个人都有脾气,控制住坏脾气才是高尚、才是英雄、才能成功。控制不住自己情绪的人,都是格局太小、欲望太大、把自己看得太重。一个人跟着别人去陌生朋友那里做客,应该拘束、拘谨才对,他却完全失控、如此放肆,毫无底线、疯子一般地撒泼,掀桌子、摔椅子!事后也没有道歉,你说这样的人还有品吗?没有牌品,更是没有人品。这

【实战第 100 例技巧分析】 此牌打 9。下家首发 44433，上两家都没要，此时上 55522，下家再上 88855，上两家又都没要，此时要重新组牌，上 QQQ44，上家 AAA22 封控后，再发 77733，此时顺过三个 10 带对 7，预留 KKK（红配）JJ 再上，"对多转三带，红配说了算"。

种没有底线、无品之人，不知道下一次会不会杀人放火、干出什么你想不到的大坏事来！所以，你只能避而远之！远离他！

再说线上掼蛋，也是如此。虽然没有当面，但总是有些交集与关联，或老乡、朋友，或转介绍，才能在一起组局掼蛋。要做到"不迁怒，不贰过"。他出错了,有可能是水平很差,也有可能是机器出了故障,退一步讲,即使他是故意使坏来气你,那你气得骂人,不就上他当了嘛。你可以解散牌局,也可以找找他到底是谁,理论理论。输牌不可怕,如此一骂,输了牌品与人品,才是最可怕的。

　　拿破仑说过:"能控制好自己情绪的人,比能拿下一座城池的将军更伟大。"因此,无论掼蛋也好,事业打拼也好,在人生的长河中,要始终控制好自己的情绪,丢掉自己的坏脾气,做一个有温度的人,做一个有"品"的高尚掼蛋人。

附录一 《掼蛋竞赛规则(通用版)》

第一章 总　　则

第一条　宗　　旨

掼蛋是一项新兴的棋牌类休闲体育活动,由于它具有千变万化的趣味性、方便易学的普及性、随处可玩的方便性及网络流行的快捷性,从而深受广大人民群众的喜爱,并极大地丰富了人民群众的闲暇生活。

为了推动我国智力运动的发展,丰富我国趣味棋牌竞技种类,使掼蛋项目得到全面推广和普及,并逐步走上健康、有序的竞技化发展轨道,特制定本规则。

第二章　定　　义

第二条　掼蛋定义

掼蛋是以扑克牌为主要竞赛器材,由两名选手组成一对与另一对选手相对抗的智力竞技扑项目。

　　掼蛋需采用两副标准扑克牌(共 108 张牌)进行升级比赛。一副牌为 54 张,分为黑桃(♠)、红心(♥)、方块(♦)、梅花(♣)4 种花色和大、小王。每名选手都应有 27 张牌,每一圈牌的领出牌者可以出单张、对子、三同张、三带对、五张顺子、三连对、三同连张、炸弹等规定的不同牌型,以后各选手可轮流跟进压牌,直至无人再压牌时,则由这圈牌的最后压牌者再领出下一圈牌的牌型。

　　在每一把牌中,以 4 名选手中最先出完全手牌的一位选手为头游(亦称大游),其余依次为二游、三游、下游(即四游)。只有头游方可以升级,而下游方则需在下一把牌开始前向头游方贡牌。一局牌的比赛最终以双方升级级数的高低(最高为"过 A")决定比赛的胜负。

　　掼蛋最突出的特点是,增加了两张红心级牌,即参谋(主)中的两张红桃牌(又称红心参谋、逢人配、百搭、混子、赖子)。由于红心级牌可以任意搭配各种牌型,因此极大地丰富了掼蛋比赛中各种技战术的组合变化。

第三条　术语定义

一、己方和对方

比赛须由四位选手组成两对搭档进行。由本家与搭档(对门)组成己方,由另一对选手(上家和下家)组成对方。

二、上家和下家

位于本家左方的选手称为上家。

位于本家右方的选手称为下家。

三、全把牌

在一把牌中,四名选手所抓(发)得的全部牌张,共有108张。

四、全手牌

在一把牌中,一名选手所抓(发)得的全部牌张,共有27张。

五、一把牌

四名选手从抓第一张牌到有三名选手先后打完全手牌,由此分别产生头游、二游、三游及下游。如果是打成"双下"(即同一方的选手分别获得头游和二游)时,则一把牌自然结束。

六、一手牌

某位选手一次所打出的牌,可以是一张也可以是多张。

七、一圈牌

四名选手先后按领出的牌型相继出牌、逐级压制的过程称为一圈牌。一圈牌中可以有人不出牌,连续三人过牌不出时,该圈结束。

八、领出牌

每圈牌首先出的牌,称为领出牌。

(1)一局牌第一把牌的第一圈,是由抓到抽出的牌张者先领出牌。以后每把牌由向头游贡牌的下游者领出牌。

(2)如不需贡牌,则由头游者领出牌。

九、头游、二游、三游、下游和"双下"

一把牌中,第一个把全手牌出完的选手是头游;第二个把全手牌出完的选手是二游;第三个把全手牌出完的选手是三游;三游出完全手牌后,未出完牌的选手就是下游。

如果是同一方的选手分别获得头游和二游,则这把牌的结果就被称为"双下"。

十、升级

只有获得头游的一方可以升级。

(1)掼蛋比赛每局第一把牌从打 2 开始。每把牌结束时根据获头游选手的搭档获得二游、三游或下游的不同情况,确定头游方的升级数。

(2)如果头游选手的搭档为二游(双下),则头游方升3级;如其为三游,则升2级;如其为下游,则升1级。

十一、级数

是指每局牌从2至A的从小到大依次排列的每一个序数,包括2、3、4、5、6、7、8、9、10、J、Q、K、A、过A(亦称A+)共14个级数。

十二、记级

每打完一把副牌在记分表上记录比赛结果,称为记级。

十三、局

是由若干把牌组成的每轮次(单元)比赛胜负的基本单位。

十四、轮

是指参赛选手之间轮流交替比赛的轮次。每轮比赛可以是一局,也可以是多局。

第四条　牌型与名称

(一)单张:可以是手中的任意一张牌。

(二)对子(一对):两张牌点相同的牌,两张牌的花色可以不同。

(三)三连对(俗称木板):三对相连的牌。如22

33 44、77 88 99。说明：必须而且只能是三连对作为一手牌同时打出，不可以二连对，如 33 44 或 77 88，也不可以四连对或四个以上的连对，如 AA 22 33 44，1010 JJ QQ KK AA 等。

一对参谋（主）可以按其自然顺序参加三连对同时打出，不可以组成 KK AA 主主打出。

需要强调的是，也不可以组 KK AA 22 打出，只能组 22 33 44 打出。而 AA 既可以作为 AA 22 33，也可以作为 QQ KK AA 打出。

（四）三同张（俗称三不带）：三张牌点相同的牌，三张牌的花色可以不同，如 6（黑桃）＋6（梅花）＋6（方片）等。

（五）三同连张（俗称钢板）：两个相连的三同张牌，如：333 444，888 999。说明：一手牌不可以有三个或三个以上相连的三同张牌，如 JJJ QQQ KKK 等。参谋、A 和 2 的使用与第（三）款相同。

（六）三带对（俗称夯）：三同张可以带一对相同牌点的牌作为一手牌同时打出，如 999＋JJ。说明：三同张不可以带一张牌，也不可以带两张牌点不同的牌。

（七）杂花顺（俗称顺子）：五张且只能五张相连的单张牌，花色不限。如 3、4、5、6、7；8、9、10、J、Q

等。需要说明：当 A、2 在构成顺子时，可以 A、2、3、4、5 或 10、J、Q、K、A，而不能组成 J、Q、K、A、2 这样的顺子(2 是红心参谋时除外)。

(八)炸弹：四张或四张以上牌点相同的牌，如：4444、JJJJJ、777777 等。

(九)同花顺(俗称火箭弹)：五张且只能五张相连、花色相同的顺子，如红心 3、4、5、6、7，黑桃 10、J、Q、K、A 等。

(十)四大天王(俗称王炸)：大、小王各两张。

第三章　比赛通则

第五条　洗牌与抓牌
一、洗牌、切牌和抓牌

(一)比赛开始前，须将牌均匀地洗好(3～7 次)后放置牌桌上，以后每次洗牌必须均匀地洗 3～5 次。

(二)第一把牌可由任意一名选手洗牌，由对方任意一名选手切牌并翻出一张牌，自他开始按此牌点数按逆时针方向来决定由谁先抓第一张牌，如翻出的牌为大、小王、红配，则需重切、重翻。

(三)第二把牌以后由头游的上家洗牌，由头游切牌,下游先抓牌。如双下时,则由头游的下家先抓牌。

(四)洗牌者均匀地洗牌后,不允许有切牌或乱插牌等多余动作。

(五)头游者应尽可能均匀地从牌墩中间切牌,不允许只切上面或下面的五张以内的牌,也不允许数牌张后切牌。

(六)抓牌时务必牌面向下,按逆时针方向依次抓牌,每人每次只能抓一张牌。

二、重洗与重抓

全把牌抓牌完毕,各选手应自行清点手中牌张数,若发现张数不符时,则须换牌后重洗、重抓。

三、机器发牌

使用自动发牌机(桌)的比赛,其洗牌、发牌可按发牌机设定的程序进行。

第六条 打牌

全把牌抓完后,进入打牌阶段。

(一)打牌均按逆时针顺序出牌。领出牌时可以出任意合理牌型,其余三家须按照相同牌型按顺序轮流选择压(盖)牌,也可以出炸弹,下一家出的牌必须大于上一家出的牌。

(二)若无压牌或选择不出时,称为过牌。比赛时,选手对过牌可选用语言"过"或用团手轻敲桌面来表示。但是在一局牌中,一名选手只能选择某一种固定的表示方法。

(三)如果其他三家选手都选择过牌,则最后出(压)牌的一方可以领出新的牌型。

(四)重复步骤一的程序,直到有三个选手的全手牌出完时,一把牌自然结束。如果同一方的两名选手分别获得头游及二游(双下),则一把牌自然结束。

第七条 参谋(即级牌、主,以下统称参谋)与红心参谋

一、参谋的大小

当所打级数为 X 时,与所打 X 相同数字的所有花色的牌都是本局的参谋。它们小于小王、大于 A(打 A 时,A 就是参谋)。

二、红心参谋

当级数为 X 时,红心 X 可作为万能牌配用,称为红心参谋(俗称"逢人配"或"百搭",但不可以配大、小王)。可以配成任意牌型和花色。如是组成特定的牌型,应在打出后立即加以说明。以打 2 时红心 2 为例:

(一)对子:梅花 8+红心 2,算一对 8。

（二）三带对：KK＋66（可任意配不同花色）＋红心 2，可算三张 K 带一对 6；如算三张 6 带一对 K，须在打出后立即说明。

（三）四张及以上炸弹：如 666（任意花色）＋红心 2，算四张 6 等。

（四）三连对：55677 或 55667＋红心 2，均算 556677 的三连对。

（五）杂花顺：4568 或 4567（任意杂花色）＋红心 2，均可算 45678 的顺子。

（六）同花顺：789J 或 78910（方片）＋红心 2，均可算 78910J 的同花顺。

（七）三同连张：33344 或 33444（任意花色）＋红心 2，均可算 333444 的三同连张。

三、参谋的插带使用

（一）参谋既可以大于 A，也允许按自然顺序插在顺子或三连对、三同连张、三带对中使用。

（二）当红心参谋参加组成特定的牌型时，必须在打出后立即加以说明。例如：当配在顺子的两端时，须说明是算大点还是算小点。当配在两个对子作为三带对打出时，需说明算大点的三带对还是算小点的三带对。当两个红心参谋加在两个连对打出，如与 7788 同时打出时，需说明算三连对还是三同连张等。

第八条　牌型大小的比较

(一)牌点由大到小排列为大王、小王、参谋、A、K、Q、J、10、9、8、7、6、5、4、3、2(除掉级数牌)。以下各种牌型都不分花色。

(二)单张、对子、三同张、三连对、三同连张、杂花顺、同花顺等牌型,直接根据牌点确定大小。

(三)三带对:仅比较三同张的大小,不比较所带对子的大小。

(四)炸弹:炸弹可炸单张、对子、三同张、三带对、三连对、三同连张、杂花顺等牌型。五张炸弹可压任何4张炸弹而不比较牌点数的大小。张数多的炸弹可以压任何张数少的炸弹。如果炸弹的牌张数相同,则按牌点确定大小。

(五)同花顺（火箭弹）:同花顺可压5张(含5张)以下的炸弹,牌点大的同花顺可以压牌点小的同花顺。

(六)6张及以上张数的炸弹可以压同花顺。

(七)四大天王:4张大小王作为一手牌齐出,是最大的炸弹,可以压所有的牌。

第九条　借风出牌

如头游选手出完最后一手牌后,其他三家无人压牌,则由头游的搭档借风出牌(俗称对门借风)。

第十条　贡牌与还牌

一、贡牌与还牌

一把牌开始前,上一把牌的下游者需向得头游者进贡一张牌,进贡的牌必须是自己手中最大的牌(红心参谋除外)。接受进贡者须将自己手中的一张牌还给进贡者,并由下游者出牌。

无论是还搭档还是还对手,还牌必须是10以下(含10)的牌,不允许还参谋牌。

二、双贡及其还牌

"双下"时,下游方的两名选手都应向头游方分别进贡,称为双贡。

双贡时,头游者拿贡的大牌,并还牌给贡大牌者。二游者拿贡的小牌,并还牌给贡小牌者。由贡大牌者在第一圈领出牌。如双方进贡的牌大小一样,则按照顺时针方向进贡。还牌时应将牌面向下,按逆时针方向分别还牌。双方得牌后同时亮牌,并由头游者的下家(右手方者)领出牌。

三、抗贡

下游者抓到两个大王,则不用进贡,由头游者先出牌。

双贡时,如下游方两人各抓到一个大王或任一方抓到两个大王,则都不用进贡,由头游者先出牌。

第十一条 出牌方式

(一)出牌时,应将一手牌一次性出完,不得分次出牌。

(二)出杂花顺、同花顺、三连对、三同连张、三带对等牌型时,必须按从小到大、从左到右的顺序,一次性出完牌,牌张不得杂放。

(三)当红心参谋参加组成特定的牌型时,必须将其放在应有的位置处。

(四)每次打出的牌必须放在示牌区内,不得与其他牌手出的牌杂放。待一圈牌结束后,要把自己打出的牌牌面向下,按顺序置放于本人面前桌上规定的弃牌区内。任何选手不得翻查其他选手弃牌区的牌张,也不得将本人弃牌区的牌张再明示给他人。

(五)如有选手未按规定方式出牌,一经发现后,第一次可给予违规者口头警告,如同一对选手再次出现未按规定方式出牌,则记违例一次,并停止该选手一圈出牌权或跟牌权,如同一对选手第三次出现未按规定方式出牌,可判罚犯规一次。

第十二条 10张报牌

每名选手在打完一手牌后手中牌达到10张以下(包括10张牌)报张数(每次全手牌只报一次),称为10张报牌。

（一）如选手没有按规定主动报张数而继续比赛，则对方选手有权要求其将牌收回至需报牌时的状况，重新报牌后继续进行比赛。并报请裁判给予未报牌者口头警告一次。

（二）如同一对选手在一局比赛中再次发现没有主动报牌，则记违例一次，并停止其一圈出牌权或跟牌权。

（三）一名选手10张主动报清楚牌张后，任何一方选手均不得再次询问其手中牌张数。该选手也不得以任何方式做出回答。违者第一次给予警告，第二次记违例一次，并停止其一圈出牌权或跟牌权。

（四）在10张报牌的同时应将自己的报牌卡放在报牌卡区内，直至一把牌结束后再收回报牌卡。

（五）对于报牌有其他规定的，应在比赛规程或补充规定中予以明确。

第十三条 每局比赛的计分

（一）每打完一把牌记一次分，把每把牌后双方各级情况记录下来。记分是双方比赛过程的原始记录，也是最终判定胜、负、平的文字依据。

（二）每局比赛分别按场分和级分（26分制级差分）计分。

（三）每局比赛结束时,胜方场分得 2000 分,负方得 0 分,平级双方场分各得 1000 分。级分均按 26 分制级差与级分换算表对照计算（比赛规程也可另行规定级分计算办法）。

第十四条 牌局结束和每轮比赛胜、负、平局的判定

（一）一局牌的比赛最终以双方升级级数的高低（最高为"过 A"）决定比赛的胜负。

（二）可以从下列四种方法中选取一种作为一局比赛结束和胜负的判定：

（1）计局制：一方过 A 取胜结束（A 必须打,不得直接升级过 A）。但必须一人是头游、另一人不是下游才能算取胜,否则需再继续打 A。

（2）计把制：双方每局共打若干把牌（可由比赛规程规定具体把数）,在若干把牌结束后,以级数高者为本局胜方。如其间某方已过 A 则自然结束［过 A 要求同（1）款］。如为平级则按第十三条第三款计算双方得分。

（3）计时制：双方每局共用时 50 分钟（或根据比赛规程另行制定每局用时）。比赛时间到时则比赛结束,以级数高者为本局胜方。如一方过 A 则自然结束［过 A 要求同（1）款］。如为平级则按第十三条第三款计算双方得分。

（4）计时计把制：每局比赛在达到规定的时间或规定的把数时，比赛即行结束，以级数高者为本局胜方。如其间某方已过 A 则自然结束［过 A 要求同(1)款］。如为平级则按第十三条第（三）款计算双方得分。

（三）一轮比赛的胜负：每轮比赛可以采用一局决胜负，或采用三局两胜制等方法，均需在比赛规程或补充规定中予以说明。

（四）平局：采用计时制或计把制的积分编排赛与循环赛时，当比赛规定时间或规定把数已到，双方若级数相同，可视为平局。平局则应按第十三条第（三）款计算双方得分。

（五）若采用淘汰赛赛制时，不论采用的是计局制、计把制或计时制，每轮比赛的双方都必须分出胜负。

第四章　违规与判罚

第十五条　处理违规的罚则
一、违规发生后的申告

（1）在比赛中，一旦发生违规，同桌的 4 名选手均有权立即指出。

(2)停止打牌并立即召请裁判员前来处理。

二、违规发生后的处理方法

(1)一般行为由临场裁判员处理。

(2)牵涉到犯规和一局胜负的判罚由裁判长裁定。

(3)有多项判罚选择时,由裁判长决定。

三、处罚方式

1. 警告

有违例、违规或干扰比赛的言行,但性质轻微,又未造成非违规方损失的,由裁判员给予警告一次,并记录在案。

2. 记违例与停止一圈出牌权

有较严重的违例、违规或干扰比赛的言行,由裁判员给予指出,记违例一次,并停止其一圈出牌权或跟牌权。

3. 记犯规与一把牌判负

(1)在同一轮比赛中,当同一对选手中出现第二次违例或明显干扰比赛的言行,由裁判员报经裁判长确认后记犯规一次,本把牌判负,按"双下"记分。下一把牌不需贡牌,第一圈由对方指定一名选手领出牌比赛。

(2)在比赛中有明显违例和有明显非法信号等严重干扰比赛的言行,或发现有多牌、少牌、藏牌、偷牌、故意拖延比赛时间等行为,并造成非违规方损失的,可直接由裁判长宣布记该对选手犯规一次,本把牌判负,按"双下"记分。下一把牌不需贡牌,第一圈由对方指定一名选手领出牌比赛。

4. 一局比赛判负

如在一局比赛中一方选手有三次犯规,或犯规性质恶劣,或有不服从裁判、态度恶劣的,或者一方弃权等情况,可由裁判长宣布其一局比赛判负,其对手的得分按场分 2000∶0、级分 18∶0 处理。如果其对手的级分差已超过 18 分的,按其实际级分计算。

5. 停赛

如犯规性质极为恶劣,有恶意犯规、串通作弊等行为,或第二次一局比赛被判负的,则由裁判长宣布取消其继续参赛的资格,并通报停赛处罚。其对手的得分按场分 2000∶0、级分 18∶0 处理。以后各轮成绩按其中途退赛处理。

6. 判罚的裁定

只有裁判员有裁定判罚的权利,违规一经指出,运动员无权自行裁定判罚。对运动员之间自行接受或放弃的处罚,裁判员有权予以承认或撤销。

7.裁判长的自由裁量权

对于比赛选手在赛场上的各种违例或犯规行为做出的判罚，只有裁判长具有根据比赛规则的自由裁量权。

8.处罚权的丧失

(1)出现违例、犯规但无参赛者指出，或本应本圈牌指出违规的下圈牌才指出，或本把牌出现的违规下把牌才指出，对违规的处罚权可能丧失。

(2)非违规方的领队、教练员、非本桌参赛者或由其他的观众率先指出违规，对违规的处罚权可能丧失。

(3)在召请裁判员之前非违规方参赛者若自行采取行动，对违规的处罚权可能丧失。

(4)当非违规方因违规方对判罚不了解而采取不当获利行动时，裁判员可裁决处罚权丧失，且行动无效。

第十六条 暴露张与出错牌及其处理

(一)打牌时，选手的牌张必须完全面向自己并握在手上，且不得有任何暴露张出现，直到全手牌全部出完。

(二)任何选手所出的牌，一旦被对方看到(并被指明是什么牌)后，不得收回重出。

（三）出牌时，不管是有意或无意出错牌，或把别的牌带下来（暴露张），都要按出错牌进行处理，并需根据是领出牌方还是跟牌方分别处理。

（1）如是领出牌方出错牌，应将这手牌全部收回，并由其左手方选手指定他重新出这手牌中的某一牌型。

（2）任何跟牌方所出的牌，如是错牌则须收回，停止该轮出牌权一次，由其下家出牌。

（四）一名选手出错牌后，若其搭档获得该轮的下一轮领出牌权时，不可以出上轮暴露张者的主牌型（如三带对、杂花顺等）。违者须收回所出之牌，重出新的牌型，并视情节轻重给予口头警告或记违例一次。

（五）不应贡牌者若出示了自己的最大张牌，则应在第一次轮到自己出单张牌时，首先出该张牌，或在未打单张牌时随非单张牌的牌型中打出。

第十七条　越序抓牌、越序出牌与越序表态及其处理

一、越序抓牌

抢先抓上家选手或其他选手应抓的牌称为越序抓牌。

（1）越序抓牌但并未看到的，一经发现须马上退回。

（2）越序抓牌已经看到牌张但尚未插入手牌中的,除马上退回外,可由裁判员给予口头警告一次。

（3）越序抓牌并已插入手牌中的,其退回方式为由应轮到的抓牌者从违规者手中任意抽出一张牌,并由裁判员根据其情节轻重给予警告或记违例一次。然后按正常顺序继续抓牌。

二、越序出牌

上家没有出牌或没有表示放弃出牌,下家就出牌,称为越序出牌。

（1）如是越序出牌,则须将此次出牌全部收回,停止该圈出牌权,由其下家出牌。此后本圈的跟牌权自动恢复。

（2）若其搭档获得该轮的下一圈的领出牌权时,不可以出上圈越序出牌者的牌型,违者须收回所出之牌,重出新的牌型。

三、越序表态

上一家选手对一手牌未明确表态不要时,其下方各家不得表态,否则称为越序表态。

（1）如是越序表态,违规方及其搭档本圈不得跟牌。

（2）如非违规方跟牌后,则违规方的判罚自动解除。

第十八条　贡错牌、还错牌及其处理

(1)下游者如未将手中最大的一张牌贡给头游(含双贡)者,称为贡错牌。

(2)头游者如将J(含J)以上的牌还给己方搭档,称为还错牌。

(3)贡错牌和还错牌后,在比赛未开始前发现并及时纠正的,给予口头警告一次。

(4)在比赛已经开始后,如果发现有贡错牌的情况,应立即判罚该选手手中的牌全部作废,将手中剩余牌面向下扣在桌上,判其该局比赛作为下游处理。如该选手在该局比赛中获得头游,则判二游选手成为头游,以下类推。

第十九条　明显传递非法信号及其处理

(一)明显传递非法信号的行为主要有:

(1)利用语言和咳嗽等声音方式明显传递非法信号。

(2)利用多余的表情、手势与肢体动作等方式明显传递非法信号。

(3)利用换手握牌、团牌、把手中未打出的牌放在桌上等方式明显传递非法信号。

(4)利用出牌的速度和牌张的摆向等方式明显

传递非法信号。

(5)用不按规定的出牌方式出牌等方式明显传递非法信号。

(二)对明显传递非法信号的处理：

(1)根据其情节轻重,可由裁判员给予警告、记违例。

(2)对于同对选手第二次及以后再发生的,需报经裁判长同意后给予记犯规处理。

(3)对情节特别严重或多次犯规的,可给予一局比赛判负,直至停赛等处罚。

第二十条　迟到

对于未按规定时间到达赛场的选手,应按比赛规程或竞赛细则等补充规定,给予相应的处罚。

第二十一条　拖延比赛时间

倡导有条件的办赛组织者在比赛中采用计时钟记时。

(一)出牌:0~20秒属正常出牌时间;20~30秒给予口头警告一次;警告后10秒内仍不出牌,则记违例一次及停止其本圈出牌权一次,并由其下家出牌继续比赛。

(二)贡牌:贡牌者须在抓完牌后40秒内贡牌。贡牌后,还牌人须在40秒内还牌,超时则给予口头警告一次；若再拖延超过 10 秒,则记违例一次,以下类推。

（三）其他拖延比赛时间的行为：在比赛时有接、打电话、各种离开座位的行为、故意把牌张丢落地面和故意拖延洗牌、抓牌时间等。裁判员可根据其情节及造成的影响,分别给予警告、记违例一次及记犯规一次。情节特别严重的,应报请裁判长处理。

第五章　参赛队（选手）退出比赛及其处理

第二十二条　参赛队（选手）退出比赛的提出

参赛队（或参赛者）不得无故退出比赛。确需退出者,须向竞赛部门提出并申明正当理由,经竞赛部门同意方可退赛。

第二十三条　参赛队（参赛者）退出比赛的处理办法

一、在比赛第一轮开始前退出的比赛编排

（1）如是循环赛且剩余为单数,可按轮空处理。
（2）如是循环赛且剩余为双数,应重新抽签。
（3）如是积分编排赛,可考虑补足双数。

二、在比赛开始后退出的处理办法

（1）在循环赛中,凡已赛对手不足半数者,则其所有已比赛结果一概注销,但对手成绩依然保留;如达到或超过半数,则其成绩有效,当轮轮次按弃权处理,判其对手获胜,场分得 2000 分,级分按 18 分计算;其余未赛轮次均做弃权,判其对手获胜,场分得 2000 分,级分按 18 分计算。

(2)在积分编排赛中,不论比赛是否过半,已比赛结果均有效;当轮轮次按弃权处理,判其对手获胜,场分得 2000 分,级分按 18 分计算。

(3)在淘汰赛中退赛,则判其本轮对手自然获胜,进入下一轮比赛。

第六章 赛事分类

第二十四条 赛事分类

比赛主办方可根据实际需求举办限定场地赛、非限定场地赛,以及两种方式相结合的比赛。

一、限定场地赛

由主办单位组织的,选手在规定时间及地点,在裁判员现场组织管理下,使用统一的桌、椅和扑克牌等器材,或使用统一联网设备和竞技软件参与的赛事。

二、非限定场地赛

由主办单位组织的,选手在规定时间,通过使用自有联网设备及竞技软件参与的赛事。

第七章　赛制的选择

比赛主办方可根据实际需求选用某种单一赛制或多种方式相结合的赛制等。

第二十五条　淘汰赛

参加比赛的队(选手)数较多、时间较紧时,可酌情采用单败淘汰、双败淘汰或其他淘汰方式。

一、单败淘汰赛

两方选手中的负方被淘汰,胜方则进入下一轮并与新对手对抗,负方再被淘汰。如此进行到最后只剩一个胜方时,该方选手即为冠军。

应安排 2^n 个队(对)参赛(n 为正整数),这样在比赛 n 轮后会产生冠军。应合理安排各轮对阵的对手,即应按各方选手的实力或以前一阶段比赛的名次作为参考,采用蛇形排列方法排出单淘汰赛各方选手的比赛位置,若参赛队(对)不足 2^n,则应让实力较优者在第一轮比赛中轮空。

二、双败淘汰赛

一方选手负两场被淘汰的赛法。

1. 胜区

第一轮比赛结束后,会得出一组胜方和一组负方,通常称为胜区和负区。胜区继续进行第二轮比赛,其中又将有半数告负从而进入负区,直到胜区只剩下一个全胜方选手,即胜区第一名。

2. 负区

在负区中,按原种子分区相对应位置进行单淘汰赛。但第二轮是第一轮以后的各轮次负者之间在比赛,而从第三轮起则是第二轮负区的胜者与第二轮胜区的负者之间在比赛。直到负区也只剩下一个全胜方选手,即负区第一名。

3. 决赛

由胜区第一名与负区第一名进行最后的决赛,产生出冠、亚军。

第二十六条　循环赛

在时间较为宽裕时,为使参赛者有更多的比赛和交流的机会,可酌情采用分组循环赛、单循环赛、双循环赛或其他循环赛方式。

一、分组循环赛(＋复赛＋决赛)

是指将参赛者先分成若干组进行预赛,通过各组循环赛,从各组选出一定名额参加复赛或决赛。分组时,应根据参赛者级别或比赛成绩安排各组种子选手。此赛制适用于参赛者较多的比赛场合。

二、单循环赛

是指所有参赛者之间循环比赛一次,此赛制适用于参赛者较少且时间较充裕的比赛场合。

三、双循环赛

是指参赛者之间循环比赛两次。此赛制适用于邀请赛、训练赛等参赛者较少的比赛。

四、名次的排定

(1)上述各种循环比赛结束后,按各参赛者场分的累计积分排定名次。场分累计积分高者名次列前。

(2)如遇场分积分相同的情况,先比26分制级分的高低,级分高者名次列前。

(3)如级分仍相同,则比较双方(或多方)之间比赛级分的高低,级分高者名次列前。

(4)如仍相同,则再计算出双方(或多方)本次比赛各自对手的所有级分(对手级分,简称对手分),对手分高者名次列前。

(5)如仍相同,则可并列名次或抽签决定名次。

第二十七条　积分编排赛

在参赛者较多、赛程时间较短的情况下,可以采用积分编排赛。积分编排赛是通常情况下采用较多的一种赛制。

(一)各轮次编排办法:

积分编排赛的第一轮可按选手实力强弱,以蛇形排列方法排出第一轮对阵情况。如果对各参赛者的实力不清楚,可抽签决定第一轮对阵情况,以后在每轮赛后由裁判人员根据比赛积分进行下一轮的对阵编排工作。从第二轮起,比赛按高分对高分、低分对低分的原则(若场分相同,则按级分高低排定)安排对阵,任何参赛选手在一次比赛中只能相遇一次。

(二)名次的排定:

(1)在积分编排赛的全部比赛结束后,按各参赛者所有轮次所得的场分累计积分排定名次,场分累计积分高者名次列前。

(2)如遇场分相同的情况,先比 26 分制级分的高低,级分高者名次列前。

(3)如级分仍相同,则比较双方(或多方)之间比赛级分的高低,级分高者名次列前。

(4)如仍相同,则再计算出双方(或多方)本次比赛各自对手的所有级分(对手级分,简称对手分),对手分高者名次列前。

(5)如仍相同,则可并列名次或抽签决定名次。

(三)在积分编排赛的最后1~2轮,对积分排名靠前的选手之间的比赛可提出在出现平局时需加打一把牌以分出胜负的特定要求。

第二十八条 积分编排赛+低位淘汰赛

在参赛者人数很多、赛程时间较短的情况下,可以采用积分编排赛+低位淘汰赛。这种赛制可以采用多单元比赛方式。

(一)比赛第一单元采用积分编排制比赛2~3轮,然后淘汰积分较低的若干队(对)选手后进入第二单元比赛。

(二)比赛第二单元采用积分编排制比赛2~3轮,然后再淘汰累计积分相对较低的若干队(对)选手后进入第三单元比赛。

(三)比赛第三单元仍采用积分编排制比赛,并根据最终累计得分排列出比赛名次。

(四)比赛单元、轮次及具体淘汰办法应由比赛主办方在规程中予以明确规定。

(五)名次的排定办法同第二十七条规定。

第二十九条 积分编排赛+多局制淘汰赛

在一些特定的高水平比赛中,为了让选手更充分地展示出自己的实力,尽可能减少"手气"的影响因素,可以采用积分编排赛＋多局制淘汰赛的赛制。这种赛制必须要有较充裕的比赛时间。

(一)在比赛的第一阶段采用若干轮积分编排赛,然后产生出若干队(对)名次列前的选手进入第二阶段的比赛。

(二)在比赛的第二阶段采用多局制淘汰赛的赛制。应安排2^n队(对)选手参加第二阶段的比赛。每轮只有胜方才能进入下一轮次的比赛,负方则遭淘汰(另有规定的除外,例如增加第三名、第四名的附加赛等)。直至决出比赛的最终名次。

(三)多局制淘汰赛可采用以下比赛办法:

(1)以级差分的高低决定胜负。每轮比赛采用2(或3)局制,每局均按计时计把制比赛。在比赛结束后,以2(或3)局累计相加的26分制级分高者为本轮的胜方,胜方进入下一轮次的比赛。

(2)以场分的高低决定胜负。每轮比赛采用3局2胜制(或5局3胜制)。每局均按计时计把制比赛。决胜局如双方打平,则需继续在原有牌局的基础上加打一把牌决出胜负。

第三十条 限定场地赛＋网络赛(或电视赛)

根据比赛的需要,可以选择采用限定场地赛＋

网络赛(或电视赛)的混合赛制。其具体比赛规程及比赛规则、比赛办法等可由主办方自行制定。

1. 网络海选赛＋限定场地赛

当需要在很多地区进行海选预选赛,然后集中进行限定场地赛决赛时,可以采用这种赛制。

2. 限定场地赛＋网络(或电视)决赛

当比赛既有一定的人数规模,又要对最后阶段的决赛等进行网络(电视)转播或相应地控制时间,可以采用这种赛制。

3. 网络预选赛＋限定场地赛＋网络(或电视)决赛

当需要在很多地区进行预选赛,然后进行限定场地赛进行复赛,并要求对最后阶段的决赛进行网络(或电视)转播或相应控制时,可以采用这种赛制。

第三十一条 网络与电视掼蛋比赛的赛制及其比赛规则

由互联网和电视台等举办的掼蛋比赛,因其比赛场地、比赛器材的特殊性,其采用的赛制及其比赛规则可由主办方根据实际需要,在本规则的基础上做出适当的调整。

第三十二条 复式赛

(一)有条件时,主办方可安排进行复式比赛。

（二）复式赛的具体比赛办法及要求，应在比赛规程中予以明确。

第八章 竞赛组织及其他

第三十三条 设立竞赛机构

一、设立竞赛组织机构

为保证比赛的顺利进行，比赛需要设立相应的竞赛组织机构从事赛事认证、制定赛事规程和补充规定，以及处理比赛期间和比赛结束后不属于裁判员职责范围内的一切问题。

二、设立裁判委员会

竞赛组织机构根据赛事的需求，设立比赛裁判委员会或裁判组，指定或要求适量的裁判员管理比赛并任命其中一人为裁判长，必要时可增设副裁判长及编排长一人至数人。

三、设立仲裁委员会

仲裁委员会应由 3 人或 3 人以上的单数组成，负责处理各类申诉判例。仲裁委员会在处理申诉判例时，应该遵照规程、规则和相关规定，本着公平、公正的原则，准确行使权利。仲裁委员会的裁决为最终裁决，不得更改。

第三十四条　裁判员的职责范围

一、裁判长

裁判长负责管理整个比赛过程，根据赛事主办方的需求协助拟定竞赛补充规程（补充通知）、明确比赛赛制、竞赛细则、竞赛日程，编排限定场地赛选手轮次、座次，以及宣布比赛的最终成绩等。如果出现经过申诉改变比赛结果或者因为编排统计出现错误的情况，经核实后裁判长有权修正比赛成绩，并予以公布。如果裁判员在执裁过程中出现错误，裁判长有权更改判罚并终止该裁判员的执裁资格。

二、副裁判长

按照裁判长的分工带领裁判员开展工作。裁判长因故不能行使职责时，副裁判长可代理裁判长的职权。

三、裁判员

所有裁判员必须按照裁判长和副裁判长的分工开展工作，确保和检查必要的比赛条件是否具备；在比赛中维持赛场秩序、接受比赛过程中违纪发生后的申告；监督和判定参赛选手是否违规，并根据规则和规程进行判罚；准确记录并上报判罚结果和比赛成绩；当裁判员遇到不能自行判罚的情况时，应及时上报裁判长（或副裁判长）进行处理。

第三十五条　限定场地赛赛场纪律

（1）讲究文明礼貌，进入赛场须衣冠整洁并且佩戴有效证件。

（2）赛场内保持安静，不得大声喧哗，不得随意走动，不得随意围观其他桌次的选手打牌。

（3）赛场及赛场周边规定区域内禁止任何人吸烟。

（4）任何人员饮酒后不得进入赛场，不得在赛场饮用含有酒精的饮料。

（5）进入封闭的赛场区域内须经裁判员同意。

第三十六条　限定场地赛行为准则

一、运动员行为准则

（1）遵规守纪，尊重裁判，尊重对手，尊重观众。

（2）比赛中严禁携带任何电子产品，严禁使用或玩弄与比赛无关的器材或设备。

（3）比赛中必须严格服从裁判员的裁定，如对判罚有异议，可以书面形式向仲裁委员会提出仲裁申诉。

（4）比赛中不得以任何不恰当的语言或行为干扰比赛。

（5）在一轮牌局结束前，起身离开自己的桌位前须得到裁判员的同意。

(6)结束比赛后,不得在赛场内停留及讨论比赛牌局。

二、裁判员行为准则

(1)严格履行裁判员职责,做到执裁严肃、认真、公正、准确。

(2)精通规则,裁决合理,有据可依,不断提升业务水平。

(3)作风正派,不徇私情,坚持原则,处理及时。

(4)服从领导,遵守纪律,着装整洁,文明执裁。

第三十七条　比赛场地器材

一、场地

(1)场地必须能够容纳竞赛规程规定的参赛选手同时进出赛场。

(2)场地地面平整,环境安静、清洁。

(3)垂直净空高度为由地面至屋顶2.6米以上。

(4)通风良好、采光明亮或有符合规定的照明设施。

(5)场地中不得有镜子或其他反光物体。

(6)要符合建筑安全和消防的有关规定。

二、牌桌

(1)比赛用牌桌应高度适宜、平稳牢固。

(2)桌面应为正方形,边长70～95厘米。

(3)在桌面上应设置有遮挡板,从东南方位向西北方位对角线摆放。遮挡板高度为75～80厘米,宽度为115～150厘米。示牌区窗口宽度为55～65厘米,高度为16～20厘米。遮挡板的支架应大小适宜、平稳牢固。

(4)在桌面正中区域,应设置正方形的示牌区,边长为32～40厘米,牌手示牌区的宽度为10厘米。

(5)在桌面上每位选手面前,距离桌边为3～5厘米的正中区域,设置长方形的弃牌区,弃牌区的底边长度为12厘米,宽度为8厘米。

(6)在桌面示牌区内,对应每位选手的边线右侧,以及在弃牌区的右侧,应分别设置直径为6厘米的圆形报牌卡区和报牌卡准备区。

三、座椅

(1)比赛时座椅应与牌桌配套,高度适宜,平稳牢固。

(2)应根据比赛的需要,安排裁判员的座椅。

四、10 张报牌卡

(1)报牌卡应为直径6厘米的圆形纯色卡片。

(2)每张牌桌应分别准备2张红色报牌卡和2张黑色报牌卡。报牌卡正反面颜色须完全一致。

(3)比赛时东西方位的选手均使用红色报牌卡,

南北方位的选手均使用黑色报牌卡。

第九章　申诉及解释权

第三十八条　申诉的提出

（1）参赛选手有遵守比赛纪律、规则及规程的义务，也有监督比赛公平、公正和提出质疑的权利。当选手及其领队对裁判员在比赛中所做的任何裁决存在争议时，有权向仲裁委员会提出申诉。

（2）相关事宜的申诉必须在本轮比赛结束后的30分钟内提出，过时无效。

（3）申诉须以书面形式提出，经申诉人签字有效。

（4）申诉材料直接报仲裁委员会，同时按竞赛规程的规定缴纳申诉费。

第三十九条　申诉的处理

（1）凡涉及比赛规则或比赛规定一类的申诉，可由裁判长进行裁决。

（2）如对裁判长的裁决不服，可向仲裁委员会申诉。

（3）凡非直接涉及比赛规则或比赛规定的所有其他申诉，由组织委员会负责处理。

(4)比赛仲裁委员会对于申诉的表决遵循"少数服从多数"原则,并须在2小时内给予答复。如申诉方胜诉,则相应要退回申诉费。

(5)对申诉的处理不得违背国家体育总局颁布的《仲裁委员会条例》。

第四十条 解释权

本《掼蛋竞赛规则(通用版)》的最终解释权和修改权归国家体育总局棋牌运动管理中心所有。

附录二　单循环赛记分表

编号	单位	姓名	1	2	3	4	5	6	7	8	场分	级分	胜局	对手分	名次
1			★												
2				★											
3					★										
4						★									
5							★								
6								★							
7									★						
8										★					

附录三 掼蛋比赛记分表

_____掼蛋比赛

第( )轮 第( )台记分表

方位	编号	选手姓名	单位	2	3	4	5	6	7	8	9	10	J	Q	K	A	A+	级分	场分
东西方																			
南北方																			

东西方选手签名：_____ 南北方选手签名：_____

裁 判 员 签 名：_____ 犯 规 情 况：_____

附录四 掼蛋比赛(计把制)记分表

第___轮 第___台 时间:___年___月___日

编号	单位	姓名	方位	一	二	三	四	五	六	七	八	九	牌级	级分	场分

东西方代表签字:___   南北方代表签字:___   裁判员签字:___

备注:

附录五 掼蛋 26 分制级差与级分换算表

甲方\乙方	2	3	4	5	6	7	8	9	10	J	Q	K	A	A⁺
2	—	12:14	11:15	10:16	9:17	8:18	7:19	6:20	5:21	4:22	3:23	2:24	1:25	0:26
3	14:12	13:13	12:14	11:15	10:16	9:17	8:18	7:19	6:20	5:21	4:22	3:23	2:24	1:25
4	15:11	14:12	13:13	12:14	11:15	10:16	9:17	8:18	7:19	6:20	5:21	4:22	3:23	2:24
5	16:10	15:11	14:12	13:13	12:14	11:15	10:16	9:17	8:18	7:19	6:20	5:21	4:22	3:23
6	17:9	16:10	15:11	14:12	13:13	12:14	11:15	10:16	9:17	8:18	7:19	6:20	5:21	4:22
7	18:8	17:9	16:10	15:11	14:12	13:13	12:14	11:15	10:16	9:17	8:18	7:19	6:20	5:21
8	19:7	18:8	17:9	16:10	15:11	14:12	13:13	12:14	11:15	10:16	9:17	8:18	7:19	6:20

续表

甲方 \ 乙方	2	3	4	5	6	7	8	9	10	J	Q	K	A	A⁺
9	20:6	19:7	18:8	17:9	16:10	15:11	14:12	13:13	12:14	11:15	10:16	9:17	8:18	7:19
10	21:5	20:6	19:7	18:8	17:9	16:10	15:11	14:12	13:13	12:14	11:15	10:16	9:17	8:18
J	22:4	21:5	20:6	19:7	18:8	17:9	16:10	15:11	14:12	13:13	12:14	11:15	10:16	9:17
Q	23:3	22:4	21:5	20:6	19:7	18:8	17:9	16:10	15:11	14:12	13:13	12:14	11:15	10:16
K	24:2	23:3	22:4	21:5	20:6	19:7	18:8	17:9	16:10	15:11	14:12	13:13	12:14	11:15
A	25:1	24:2	23:3	22:4	21:5	20:6	19:7	18:8	17:9	16:10	15:11	14:12	13:13	12:14
A⁺	26:0	25:1	24:2	23:3	22:4	21:5	20:6	19:7	18:8	17:9	16:10	15:11	14:12	13:13

附录六 32队(对)单败淘汰赛轮次表

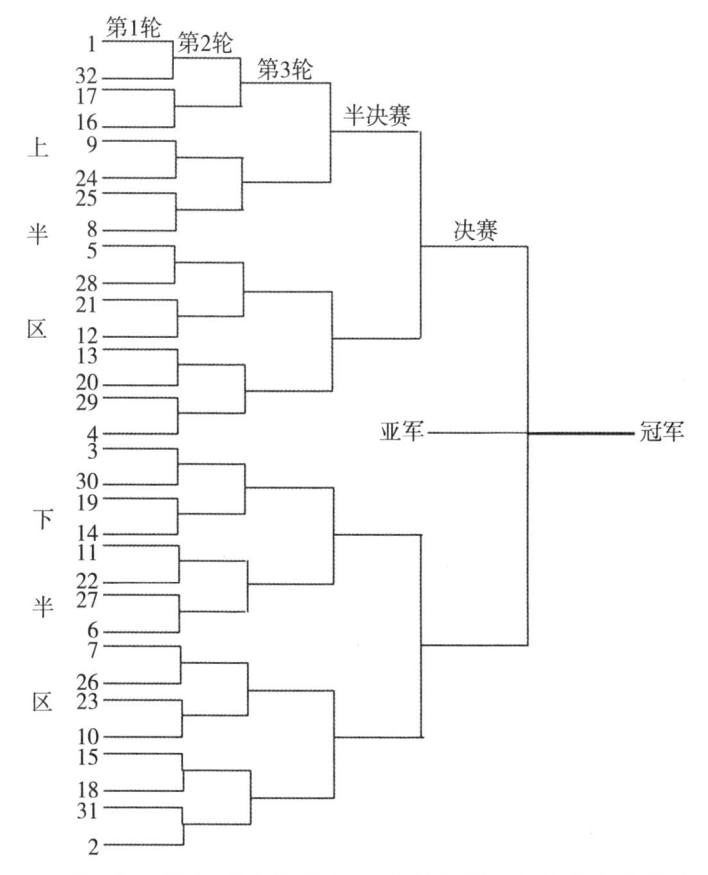

```
         第1轮  第2轮
      1 ─┐
     32 ─┤─┐ 第3轮
     17 ─┐ │
     16 ─┤─┘─┐半决赛
      9 ─┐  │
  上  24 ─┤─┐│
     25 ─┐││
  半   8 ─┤─┘─┐
      5 ─┐    │决赛
  区  28 ─┤─┐ │
     21 ─┐│  │
     12 ─┤─┘─┘
     13 ─┐
     20 ─┤─┐
     29 ─┐│
      4 ─┤─┘───亚军────冠军
      3 ─┐
     30 ─┤─┐
     19 ─┐│
  下  14 ─┤─┘─┐
     11 ─┐   │
  半  22 ─┤─┐│
     27 ─┐││
      6 ─┤─┘─┐
  区   7 ─┐  │
     26 ─┤─┐ │
     23 ─┐│ │
     10 ─┤─┘─┘
     15 ─┐
     18 ─┤─┐
     31 ─┐│
      2 ─┤─┘
```

注：上半区和下半区的1~32号位置，为参赛者首轮抽签的定位依据。通常可设8名种子，依种子顺序安排在1~8号位置，如需选手轮空时，让种子选手首轮轮空。

附录七 16 队（对）双败淘汰赛轮次表

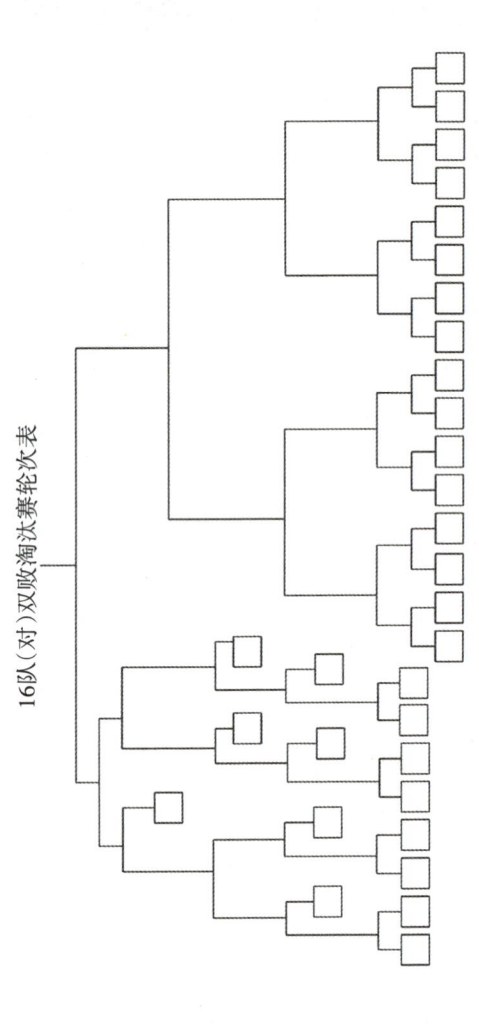

16队（对）双败淘汰赛轮次表

注：最后的冠、亚军决赛决定胜负的比赛办法，具体须在比赛规程或补充的竞赛细则中予以明确。

附录八 循环赛轮次表

8队(对)循环赛轮次表("贝格尔"编排法)

轮次	第一轮	第二轮	第三轮	第四轮	第五轮	第六轮	第七轮
对阵	1—8 2—7 3—6 4—5	8—5 6—4 7—3 1—2	2—8 3—1 4—7 5—6	8—6 7—5 1—4 2—3	3—8 4—2 5—1 6—7	8—7 1—6 2—5 3—4	4—8 5—3 6—2 7—1

8队(对)循环赛轮次表(固定轮转编排法)

轮次	第一轮	第二轮	第三轮	第四轮	第五轮	第六轮	第七轮
对阵	1—8 2—7 3—6 4—5	1—7 8—6 2—5 3—4	1—6 7—5 8—4 2—3	1—5 6—4 7—3 8—2	1—4 5—3 6—2 7—8	1—3 4—2 5—8 6—7	1—2 3—8 4—7 5—6

7队(对)循环赛轮次表("贝格尔"编排法)

轮次	第一轮	第二轮	第三轮	第四轮	第五轮	第六轮	第七轮
对阵	1—0	0—5	2—0	0—6	3—0	0—7	4—0
	2—7	6—4	3—1	7—5	4—2	1—6	5—3
	3—6	7—3	4—7	1—4	5—1	2—5	6—2
	4—5	1—2	5—6	2—3	6—7	3—4	7—1

7队(对)循环赛轮次表(固定轮转编排法)

轮次	第一轮	第二轮	第三轮	第四轮	第五轮	第六轮	第七轮
对阵	1—0	1—7	1—6	1—5	1—4	1—3	1—2
	2—7	0—6	7—5	6—4	5—3	4—2	3—0
	3—6	2—5	0—4	7—3	6—2	5—0	4—7
	4—5	3—4	2—3	0—2	7—0	6—7	5—6

注:凡遇与"0"号对阵的选手,表示其该轮次轮空。

附录九 比赛桌面示意图

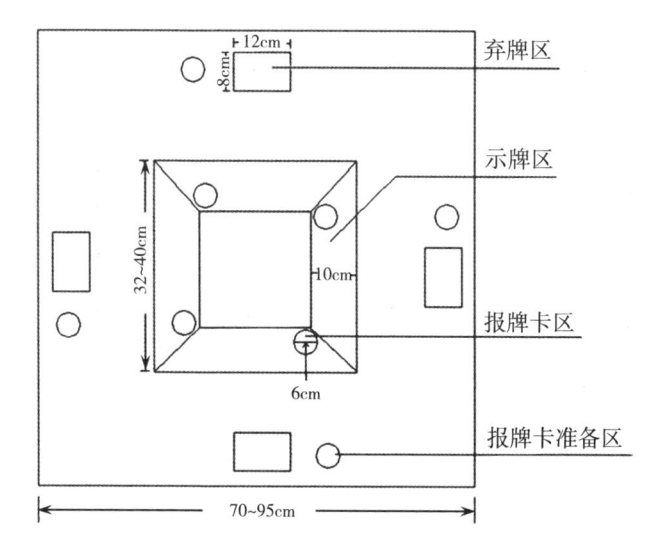

附录十 比赛桌面遮挡板示意图

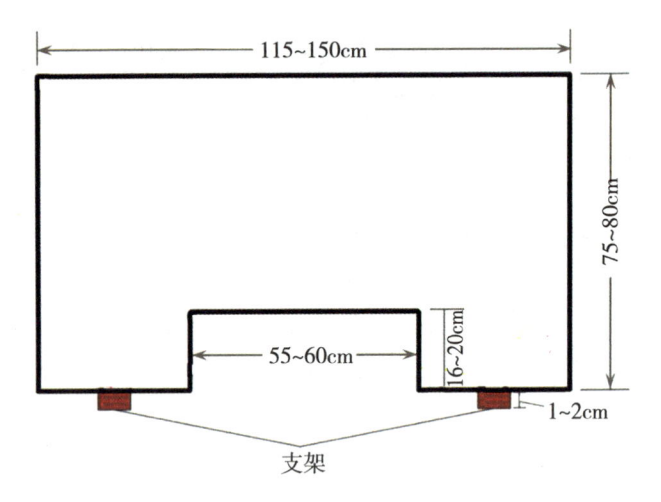

115~150cm

75~80cm

55~60cm

16~20cm

1~2cm

支架

后　记

　　掼蛋是一种很有魅力的智力扑克游戏,是中国文化自信的一个代表。现在,有很多爱好者业余时间都以掼蛋为乐,尤其以江苏、安徽、北京为最。入门者要学习,爱好者要提高,应他们的要求,几年间,我陆续总结实战经验,写了近20篇掼蛋原创心得文章,并拍下100多张实战牌的照片,进行简单的技巧分析,现在交由安徽科学技术出版社出版。我相信这将会是一本好的掼蛋科普读物。

　　掼蛋是四个人打牌,两两组合一组对门,两组对抗。针对角色不同、定位不同,每个人如何打好牌,我分别写有文章《掼蛋,如何出好首发牌》《掼蛋,如何打好第二家》《掼蛋,如何做个好搭档》《掼蛋,如何当好守门神》,定位准确,针对性强,非常实用,有很多朋友看了后都说"真是手把手地教啊"。

　　对于初学者,我写有《入门:三分钟教会你打掼蛋》,总结出掼蛋仅有6种牌型,按照这6种牌型,再结合掼蛋规则、一些原则进行组牌,就可以入门开打了。简单明了,深入浅出,浅显易懂。

而其他的文章,是交流心得、提高掼蛋爱好者技巧的指南。如《掼蛋,如何定位与配合》《掼蛋,请读懂牌的信息》《掼蛋组牌与行牌的十大技巧》《18条,对掼蛋行牌技巧再解读》《掼蛋,如何还好吃贡牌》《掼蛋,如何打好残局牌》《掼蛋,如何应变打好牌》等,都是"干货",实实在在,完全是来自掼蛋实战成功经验的总结。

还有几篇是深度解读,是文章发表后与朋友互动、探讨的结果。如《深度解读掼蛋中的顺口溜》《深度解读"牌强打下家,牌弱打上家"》《深度解读"牌强首发单,示弱出对子"》,对掼蛋的一些打法讲得更细致、更深入、更明白。

令我欣慰的是,很多我从实战中总结的原则,深得掼友认可,现已在北京掼蛋圈子广泛应用。比如,我提出的首发牌原则"牌强首发单,示弱出对子",以牌传递信息,都广为大家接受,并在掼蛋中践行,首发出单,牌友们会心照不宣、全都明白——他实力强要争头游了,从而决定如何助攻与防范。

还有我原创提出的"先出三不带、后有三带对""二家不拆牌、二家不用炸""牌弱不动手、绿灯搭档有",以及"牌型多元化""末家负责制""一种牌型打到底",还有"打好残局牌,牌要打上家"等,很多掼友烂熟于心,很是受用,已成为实战中的法则。如果有人没有按照这些原则打牌,就会有人说"一看就知道是没看唐老师的掼蛋文章"。

当然,本书由一篇篇文章组成,每篇文章有一个主题,而掼蛋规律和道理是相通的,因此,在写作每篇文章时为了支撑主题观点,难免前后有些交叉、重复。但这对全书没有多大的影响,因为很多牌理要反复讲,甚至天天讲,才能让人接受、掌握。在实战中,有很多牌理讲了很多遍,有人还是没记住,一打又犯错,一问又说"忘了"。

掼蛋要学习,要思考,要提高牌技。你爱掼蛋,又不提升牌技,那是"叶公好龙"。我常说,爱什么,就要钻什么、精什么,那才是真正的热爱。爱好、爱好,就是要爱,还要好。生活如此,工作也如此,人生皆如此。

真正提高掼蛋技术水平,还要靠实战。"纸上得来终觉浅,绝知此事要躬行"。边打边思考,尤其是让高手复盘讲解,牌技才能提高得更快。

感谢刘正功先生、安徽科学技术出版社对本书出版的热情支持。感谢李永升、吴磊、张钦连、徐航、马杰、赵存富、徐德明、刘刚、袁盟博、王民洲等诸多朋友对本书出版的支持和提供的实战牌的照片，感谢很多乡友、掼友经常邀请相聚、交流掼蛋。还有一些网络掼蛋文化，本书有所借鉴，在此一并表示感谢。

掼蛋千变万化。这里总结的经验、技巧，也多是大概率的情况。至于每把牌的处理，也有"仁者见仁、智者见智"之说，可以探讨与争论。还是那句话，具体问题要具体分析，不能一概而论。不妥之处，还望海涵。

愿天下掼蛋爱好者们天天能掼蛋，掼蛋都能赢！

唐先武
2022 年 8 月于北京唐掼工作室